Isolde Bräckle

Köstlichkeiten mit Quark und Joghurt

Verlockende Rezepte für Vorspeisen, Hauptgerichte, Desserts und Kuchen

GU
Gräfe und Unzer

Umschlag-Vorderseite
Kräuterquark mit Kartoffeln – ob in der Folie oder auf
dem Blech gebacken – ist als kleine Mahlzeit sehr beliebt. Anregungen für die Zubereitung solcher Quarkmischungen bieten die Rezepte auf Seite 10 und 14.
2. Umschlagseite
Die mit Joghurt hergestellte türkische Almsuppe erhält
ihren feinen und erfrischenden Geschmack durch die
Zugabe von Minzblättern. Rezept Seite 24.
3. Umschlagseite
Eine köstliche Spezialität der österreichisch-ungarischen Küche sind Topfenpalatschinken, mit einer
Quarkcreme gefüllte hauchdünne Pfannkuchen.
Rezept Seite 33.

Isolde Bräckle war nach ihrem Studium der Ger-
manistik und Zeitungswissenschaft und nach ihrer Promotion lange Jahre Zeitschriften-Redak-
teurin und befaßte sich schon während dieser
Zeit vorwiegend mit dem Thema Ernährung.
Gleichzeitig wurde ihr Hobby, das Kochen, zu
ihrem zweiten Beruf: Sie schrieb selbst mehr als
zwei Dutzend Kochbücher, die viel Erfolg haben. Heute ist die Autorin als freie Fachjournali-
stin in München tätig; ihr besonderes Interesse
gilt nach wie vor zeitgemäßer gesunder Ernährung und moderner Küchentechnik. Viel Freude
hat sie daran, neue Rezepte zu »erfinden« und
zu erarbeiten, unter anderem für den Creativ-
Koch-Club München, den sie mitbegründet hat.

CIP-Kurztitelaufnahme der Deutschen Bibliothek

Bräckle, Isolde:

Köstlichkeiten mit Quark und Joghurt: verlockende
Rezepte für Vorspeisen, Hauptgerichte, Desserts u.
Kuchen / Isolde Bräckle. – 2. Aufl. – München:
Gräfe und Unzer, 1987.

ISBN 3-7742-1228-7

2. Auflage 1987
© Gräfe und Unzer GmbH, München

Redaktion: Elisabeth Döpp
Herstellung: Robert Gigler
Farbfotos: Seite 37, 38 und 47 von Susi und
Pete A. Eising, alle übrigen von Fotostudio Teubner
Zeichnungen: Gerlind Bruhn
Umschlaggestaltung: Heinz Kraxenberger
Satz und Druck: Appl, Wemding
Reproduktionen: Brend'amour, Simhart & Co.
Bindung: Wagner, Nördlingen
ISBN 3-7742-1228-7

Sie finden in diesem Buch

Ein Wort zuvor

Daß Quark und Joghurt für die Küche neu entdeckt werden, hat gute Gründe. Gastronomen, Hausfrauen und Hobbyköche verwenden diese Milchprodukte besonders gern, weil man mit ihnen kulinarisch einfallsreich kochen kann und die so verfeinerten Gerichte großen Anklang finden. Zudem werden Quark und Joghurt von den Ernährungswissenschaftlern wegen ihrer wichtigen Nährstoffe und ihrer ausgewogenen und gut bekömmlichen Zusammensetzung als gesunde Lebensmittel hochgeschätzt. Kein Wunder also, daß diese köstlichen Milchfrischprodukte derzeit einen ungeahnten Aufschwung erleben. In den Kühlregalen der Geschäfte erwartet uns eine Vielfalt an einheimischen Erzeugnissen und besonderen Spezialitäten des Auslands, die raffinierte geschmackliche Nuancen erlauben und es ermögliche, ausländische Gerichte originalgetreu zuzubereiten. Da steht beispielsweise neben der neuartigen Sahnequark-Joghurt-Zubereitung aus der deutschen Herstellung der italienische Mascarpone oder der griechische Joghurt – jedes für sich ein Spitzenerzeugnis. Mein Rat: Probieren Sie einfach alles aus! Das Kochen wird durch die große Palette reizvoller. Die Austauschbarkeit mancher Produkte wie etwa Joghurt durch Kefir oder Dickmilch, Sahnequark durch Rahmfrischkäse ermöglicht immer neue geschmackliche Varianten. Und versuchen Sie ruhig auch einmal, Ihren Joghurt selbst herzustellen! Sie werden sehen, daß der Umgang mit Quark und Joghurt Ihnen viel Spaß macht und daß Sie mit den zubereiteten Gerichten bei Ihrer Familie wie bei Ihren Gästen großen Erfolg haben werden.

Diese Rezeptsammlung zeigt Ihnen mit ihren vielen köstlichen Spezialitäten, wie vielfältig man Quark und Joghurt in der Küche einsetzen kann. Sie bietet appetitanregende Müslis und Mixgetränke für die Bereicherung des Frühstücks und der kleinen Zwischenmahlzeiten ebenso wie reizvolle Rezept-Ideen für feine Vorspeisen und Suppen wie Frischkäsepastete in Weinblättern, Auberginen mit Joghurt und Tomatensuppe mit Quarkklößchen, sie enthält Vorschläge für herzhafte Gerichte wie Lammragout mit Joghurt und Poularde mit Frischkäsefüllung, die jeden Feinschmecker zufriedenstellen. Natürlich finden Sie hier auch die vielseitig verwendbaren Dips, Dressings und Saucen aus Quark und Joghurt. Eine Auswahl herrlicher Desserts und Kuchen wie westfälische Götterspeise, Marillenknödel, Käse-Sahnetorte und Topfenstrudel runden die Rezeptsammlung ab. Damit Ihnen all dies auch wirklich leicht gelingt, sind die Rezeptanweisungen so detailliert als möglich abgefaßt. Viele praktische Hinweise und Tips sowie die anschaulichen Schritt-für-Schritt-Aufnahmen von verschiedenen Arbeitsphasen sollen auch dem Ungeübten zum Erfolg verhelfen. Die brillanten Farbfotos geben eine Vorstellung davon, wie die fertigen Gerichte aussehen. So hoffe ich, daß Sie nun ebensoviel Spaß daran haben werden wie ich, mit Quark und Joghurt abwechslungsreich und raffiniert zu kochen. Ich wünsche Ihnen dazu gutes Gelingen!

Ihre
Isolde Bräckle

Wissenswertes über Quark und Joghurt

Bioghurt: besonders milde Joghurt-Variante, zu deren Herstellung spezielle Bakterienkulturen verwendet werden und die überwiegend rechtsdrehende Milchsäure enthält.

Dickmilch (Sauermilch): Die gesäuerte (»dickgelegte«) Milch wird in zwei Formen im Handel angeboten: als stichfeste Dickmilch und als flüssig-sämige Trinksauermilch oder »Schwedenmilch«. - Dickmilch läßt sich übrigens problemlos selbst herstellen: Die rohe Milch in einer flachen Schüssel zugedeckt bei etwa 20° stehen lassen, bis sie dick wird; man kann diesen Vorgang beschleunigen, indem man 2-3 Eßlöffel Buttermilch pro Liter Milch zusetzt.

Frischkäse: Darunter versteht man alle Käsesorten, die in ungereiftem Zustand in den Handel kommen: Speisequark, Schichtkäse, Rahmfrischkäse, Doppelrahmfrischkäse sowie körniger Frischkäse oder Buttermilchquark.

Gefriereignung: Während sich frischer Joghurt und Quark nicht zum Einfrieren eignen, kann man damit zubereitete Speisen und Gebäck gut auf diese Weise haltbar machen.

Haltbarkeit: Quark und Joghurt schmecken am besten, wenn sie frisch verwendet, auf jeden Fall aber bis zum Verzehr dunkel und kühl gelagert werden. Bei der Aufbewahrung den angegebenen Temperaturbereich (Kühlschranktemperatur zwischen +2 und +8 Grad C) einhalten und die mittlere Kühlzone benutzen. Das Mindesthaltbarkeitsdatum beachten!

Joghurt: In der Molkerei entsteht Joghurt durch Zusatz wärmeliebender Milchsäurebakterien aus pasteurisierter Milch. Joghurt und Joghurterzeugnisse (mit Zusätzen) gibt es in den Fettgehaltsstufen der Ausgangsmilch: 0,3 Prozent (Magermilchjoghurt), 1,5-1,8 Prozent (fettarmer Joghurt), 3,5 Prozent (Vollmilchjoghurt) und 10 Prozent (Sahnejoghurt). Griechischer Joghurt (aus dem Spezialgeschäft) ist in Geschmack und Konsistenz anders als herkömmlicher Joghurt; man kann ihn durch eine Mischung aus Joghurt und Sahnequark ersetzen. Joghurt ist eines der gesündesten Lebensmittel; seine Bakterien fördern die erwünschte Darmflora und unterdrücken unerwünschte Mikroorganismen. Die Milchsäure des Joghurts regt den Stoffwechsel an. Das Eiweiß von Sauermilchprodukten wie Joghurt ist besonders gut verdaulich, das Calcium wird vom Organismus besser verwertet als das anderer Lebensmittel. Nach Meinung mancher Mediziner fördert Joghurt - vor allem bei Menschen mit einem empfindlichen Magen - die Verträglichkeit von Antibiotika und übt durch seinen Mangel an Natrium auch eine blutdrucksenkende Wirkung aus. - Joghurt läßt sich sehr gut auch im Haushalt herstellen; man be-

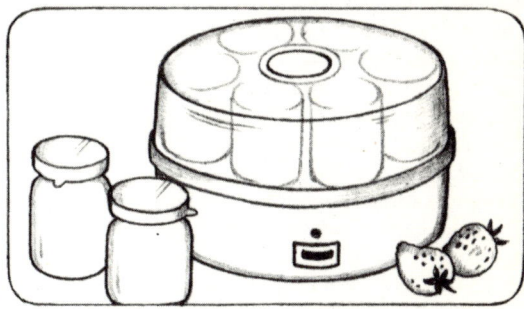

Joghurt läßt sich problemlos zu Hause herstellen - besonders mit einem speziellen Joghurtbereiter.

nutzt dazu entweder einen elektrischen Joghurtbereiter oder man stellt die Gefäße mit dem Joghurtansatz an eine gleichmäßig warme Heizquelle. Man verwendet am besten Rohmilch, die man abkocht, oder ultrahocherhitzte Milch (H-Milch), die man mit fertigem Joghurt der gleichen Fettstufe wie die Milch oder mit Bio-Fermenten (Reformhaus) »impft«. Nach 6-8 Stunden bei 40° kann der Joghurt zum Verfestigen in den Kühlschrank gestellt werden kann.

Kefir: enthält neben geringen Mengen von Alkohol (0,1-0,6 Prozent) Kohlensäure. Eine leichte Deckelwölbung der Verpackung ist deshalb kein Zeichen von Verderb, sondern normal. Wie Joghurt übt er eine günstige Wirkung auf Darmflora und Stoffwechsel aus. Er ist besonders reich an Vitaminen der B-Gruppe. Im Haushalt kann man ihn problemlos mit Hilfe von Bio-Fermenten (Reformhaus) herstellen.

Körniger Frischkäse: Bekannt auch unter den Bezeichnungen Cottage Cheese, Haus- oder Hüttenkäse, ist dieser granulierte Frischkäse aus den USA zu uns gekommen. Er besteht aus größeren und kleineren, weichen Bruchkörnern und hat einen Fettgehalt von mindestens 20 Prozent Fett i. Tr. Der sehr eiweißreiche Frischkäse wird besonders gern in der Diätküche eingesetzt.

Mascarpone: italienischer Frischkäse von mildsäuerlichem Geschmack mit einem Fettgehalt von etwa 80 Prozent Fett i. Tr. Er wird hauptsächlich für Süßspeisen und auch statt Crème fraîche zur Verfeinerung von Saucen verwendet.

Milchsäure: wird beim Sauerwerden der Milch durch Milchsäurebakterien aus dem Milchzucker gebildet und erzeugt zusammen mit anderen Gärungsprodukten den angenehmen, säuerlicharomatischen Geschmack. Wir unterscheiden zwei Arten von Milchsäure: rechtsdrehende L(+) und linksdrehende D(−) Milchsäure. Als besonders wertvoll gelten Sauermilcherzeugnisse, die einen überwiegenden Teil von rechtsdrehender Milchsäure enthalten (dazu gehören Joghurt, Buttermilch, Dickmilch, Kefir, saure Sahne). Diese wird im Stoffwechsel schneller umgesetzt und vollständig verwertet. Die linksdrehende Milchsäure dagegen kann nur begrenzt vom Körper abgebaut werden und führt auch zu einer Übersäuerung des Organismus. Der Milchsäuretyp L(+) wirkt sich günstig auf die Darmflora aus und fördert die Verdauung.

Mozzarella: italienischer Frischkäse mit einem Fettgehalt von 45–50 Prozent Fett i. Tr., von elastischer Konsistenz. Er wurde ursprünglich nur aus Büffelmilch hergestellt und wird heute auch aus Kuhmilch erzeugt.

Quark: Die amtliche Bezeichnung dieser Frischkäsesorte lautet »Speisequark«, mundartliche Bezeichnungen sind »Topfen« oder »Weißkäse«. Quark gibt es in den Fettgehaltsstufen von weniger als 10 Prozent Fett i. Tr. (Magerquark), 20 Prozent Fett i. Tr. (Halbfettstufe) und 40 Prozent Fett i. Tr. (Fettstufe, Sahnequark). Die Herstellung von Quark im Haushalt ist im Normalfall nicht lohnend, da man relativ große Mengen Milch für eine geringe Ausbeute benötigt. Wegen seiner hohen Konzentration an Eiweiß, mit dem er bei modernen Herstellungsverfahren noch zusätzlich angereichert wird, ist er ein besonders wertvolles Nahrungsmittel und eignet sich sehr gut auch für Diäten und Reduktionskost. So wird er als ausgezeichnete Proteinquelle für Menschen empfohlen, die zu einem erhöhten Harnsäurespiegel (Gicht) neigen, da Milch praktisch frei von Purinen ist.

Rahmfrischkäse: Rahm- und Doppelrahmfrischkäse sind mit mindestens 50 Prozent Fett i. Tr. bei der Rahmstufe und mindestens 60 Prozent, höchstens 85 Prozent Fett i. Tr. bei der Doppelrahmstufe etwas festere Quarksorten.

Ricotta: italienischer Frischkäse aus Kuh- und/oder Schafsmilch mit einem Fettgehalt von 30 Prozent Fett i. Tr., vergleichbar unserem Quark; er kann deshalb für alle Quarkrezepte verwendet werden. Er kommt in vielen Varianten in den Handel: mild, herb oder leicht gesalzen.

Schichtkäse: Diese besondere Form des Quarks besteht aus Schichten mit verschiedenem Fettgehalt, die von Hand in die viereckigen Formen geschöpft werden; daher wird er auch »Schöpfkäse« genannt. Schichtkäse eignet sich vor allem für Gebäck und Süßspeisen.

Trockenmasse: Als Trockenmasse werden alle Inhaltsstoffe des Käses, also auch des Frischkäses, ohne den Anteil an Wasser verstanden: Eiweiß, Fett, Kohlenhydrate und Mineralsalze. Je mehr Trockenmasse - desto fester der Käse. »Fett i. Tr.« bedeutet »prozentualer Fettanteil in der Trockenmasse«; er ist nicht gleichzusetzen mit dem absoluten Fettgehalt, der wesentlich niedriger liegt.

Joghurt-Müsli mit Weizenschrot

Zutaten für 4 Personen:
60 g Weizenschrot (Reformhaus) · 100 g getrock-
nete Aprikosen · 4 Eßl. Rosinen · 1 Becher Jo-
ghurt zu 150 g (3,5% Fett) · 4 Eßl. flüssiger
Honig · 4 Eßl. Sahne · ½ Teel. Zimt · 50 g Wal-
nußkerne
Pro Portion etwa 1465 Joule/350 Kalorien

- Zubereitungszeit: etwa 15 Minuten
- Ruhezeit: 8–10 Stunden

So wird's gemacht: Den Weizenschrot mit Wasser zu einem dickflüssigen Brei vermischen und
8–10 Stunden zugedeckt stehen lassen. • Die
Aprikosen in kleine Stücke schneiden, mit den
Rosinen vermengen und mit heißem Wasser
überbrühen. Abtropfen lassen und zum Weizen-
brei geben. • Den Joghurt mit dem Honig, der
Sahne und dem Zimt verrühren und über das
Müsli gießen. Die Walnußkerne grobhacken und
darüberstreuen.

Quark-Joghurt-Müsli mit Weizenkeimen

Zutaten für 4 Personen:
150 g kernige Haferflocken · 300 g cremig gerühr-
ter Joghurt (1,5% Fett) · 2 säuerliche Äpfel · 300 g
Magerquark · Saft von 2–3 Orangen · 4 Eßl. flüs-
siger Honig oder Ahornsirup · 8 Eßl. geriebene
Haselnüsse · 4 Eßl. Weizenkeime (Reformhaus)
Pro Person etwa 2200 Joule/520 Kalorien

- Zubereitungszeit: etwa 20 Minuten
- Ruhezeit: etwa 20 Minuten

So wird's gemacht: Die Haferflocken etwa
20 Minuten, mit dem Joghurt verrührt, quellen
lassen. • Die Äpfel schälen und grobraspeln, mit
dem Quark, dem Orangensaft, dem Honig oder
Ahornsirup verrühren und schließlich mit den
Haferflocken vermengen. Mit den Haselnüssen
und Weizenkeimen bestreut sofort servieren.

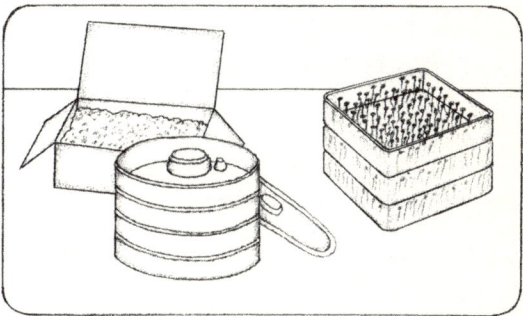

Neben Weizenkeimen eignen sich auch Weizenschrot
und gekeimte Weizenkörner gut für die Anreicherung
von Quark- und Joghurt-Müslis: Im Spezial-Keimgerät
gelingt das Auskeimen leicht.

Joghurt-Müsli mit Birnen und Trauben

Zutaten für 4 Personen:
2 mittelgroße Birnen · 400 g blaue Weintrauben ·
4 Eßl. flüssiger Honig · Saft von ½ Zitrone ·
8 Eßl. kernige Haferflocken · 2 Becher Joghurt zu
je 150 g (3,5% Fett) · 2 Eßl. Mandelstifte
Pro Person etwa 1725 Joule/420 Kalorien

- Zubereitungszeit: etwa 15 Minuten

So wird's gemacht: Die Früchte gut waschen.
Die Birnen vierteln, vom Kerngehäuse befreien,
schälen und in Würfel schneiden. Die Traubenbeeren abzupfen und halbieren. • Die Birnen-

würfel und die Traubenbeeren mischen. Mit dem Honig und dem Zitronensaft beträufeln und mit den Haferflocken bestreuen. • Den Joghurt verrühren und darübergeben. Das Müsli mit den Mandelstiften verzieren.

Quark-Müsli mit Kokosraspeln

Zutaten für 4 Personen:
2 kleine Bananen · 4 Kiwis · 4 gehäufte Eßl.
Kokosraspel · 500 g Magerquark · 4 Eßl. Sahne ·
4 Eßl. flüssiger Honig
Pro Portion etwa 1880 Joule/450 Kalorien

● Zubereitungszeit: etwa 15 Minuten

So wird's gemacht: Die Bananen und die Kiwis schälen; die Kiwis halbieren und beide Zutaten in Scheiben schneiden. • Die Kokosraspel in der trockenen Pfanne goldgelb rösten. • Den Quark mit der Sahne und dem Honig verrühren. Die Früchte locker unterheben. Vor dem Servieren die Kokosraspel über das Müsli streuen.

Quark-Drink mit Nüssen

Zutaten für 4 Personen:
½ l Milch · 50 g Magerquark · ¼ l Karottensaft ·
4 Eßl. Honig · 1 gehäufter Eßl. gemahlene Haselnüsse
Pro Portion etwa 940 Joule/225 Kalorien

● Zubereitungszeit: etwa 5 Minuten

So wird's gemacht: Alle Zutaten gut miteinander verquirlen und sofort servieren.

Bananen-Cocktail

Zutaten für 4 Personen:
2 mittelgroße Bananen · 500 g fettarmer
Trinkjoghurt · 2 Eßl. Zucker · 2 Schnapsgläser
(4 cl) Himbeergeist nach Belieben · 1 Teel.
Zimtpulver · 100 g Sahne · 4 Teel. Schokoraspel
Pro Portion etwa 1085 Joule/260 Kalorien

● Zubereitungszeit: etwa 8 Minuten

So wird's gemacht: Die Bananen schälen und im Mixer pürieren; dabei nach und nach den gut gekühlten Trinkjoghurt, den Zucker, nach Belieben den Himbeergeist und das Zimtpulver hinzugeben. • In 4 Longdrinkgläser füllen und kühl stellen. • Die Sahne steif schlagen. Jeden Bananen-Cocktail mit einer Schlagsahnehaube krönen und jeweils 1 Teelöffel Schokoraspel darüberstreuen.

Orangen-Joghurt-Shake

Zutaten für 4 Personen:
500 g fettarmer Trinkjoghurt · Saft von
2 Blutorangen · 1 Messerspitze Ingwerpulver ·
2 Schnapsgläser (4 cl) Orangenlikör nach
Belieben · Zucker oder Honig nach Geschmack ·
4 Orangenscheiben (Schale unbehandelt)
Pro Portion etwa 630 Joule/150 Kalorien

● Zubereitungszeit: etwa 7 Minuten

So wird's gemacht: Den gut gekühlten Trinkjoghurt mit dem Blutorangensaft, dem Ingwerpulver und nach Belieben dem Orangenlikör im Mixbecher schütteln, nachsüßen und in Longdrinkgläser füllen. Die Orangenscheiben (Schale der Orange vorher gut waschen!) zur Hälfte einschneiden und sie an den Glasrand stecken.

Feine Dips und Dressings

Nuß-Oliven-Dip

Zutaten für 4 Personen:
10 paprikagefüllte Oliven · 200 g Doppelrahm-
frischkäse (60% Fett i. Tr.) · 4 Eßl. Sahne · 2 Eßl.
Zitronensaft · 1 Teel. Zucker · 30 g gemahlene
Haselnüsse · Salz · frisch gemahlener weißer
Pfeffer
Pro Portion etwa 1150 Joule/275 Kalorien

● Zubereitungszeit: etwa 10 Minuten

So wird's gemacht: Die Oliven feinhacken. ●
Den Doppelrahmfrischkäse mit der Gabel zerdrücken, mit der Sahne, dem Zitronensaft und
dem Zucker glattrühren. Die Oliven und die ge-
mahlenen Nüsse untermengen. Zuletzt den Dip
mit Salz und Pfeffer abschmecken. Bis zum Servieren kalt stellen.

Paßt gut zu: gebratenem Fisch, Fisch- oder
Fleischfondue

Apfel-Meerrettich-Dip

Zutaten für 4 Personen:
1 mittelgroßer säuerlicher Apfel · 1–2 Eßl.
Zitronensaft · 125 g Doppelrahmfrischkäse (60%
Fett i. Tr.) · 4 Eßl. Weißwein · 1–2 Teel. Zucker ·
1 Teel. frisch geriebener Meerrettich · Salz · frisch
gemahlener weißer Pfeffer · 6 Eßl. Sahne
Pro Portion etwa 795 Joule/190 Kalorien

● Zubereitungszeit: etwa 15 Minuten

So wird's gemacht: Den Apfel waschen, durchschneiden, von Kerngehäuse, Stengel und Blü-
tenansatz befreien, schälen und feinreiben. Sofort mit dem Zitronensaft vermengen, um ein
Braunwerden zu vermeiden. ● Den Doppelrahmfrischkäse mit der Gabel zerdrücken, mit
dem Weißwein, dem Zucker und dem Meerrettich glattrühren und den geriebenen Apfel darunterrühren. Mit Salz und Pfeffer abschmecken.
Die Sahne steif schlagen und unter den Dip ziehen. Bis zum Servieren kalt stellen.

Paßt gut zu: kaltem Braten oder Fleischfondue

Edelpilzkäse-Dip

Zutaten für 4 Personen:
125 g Edelpilzkäse (50% Fett i. Tr.) · 125 g Doppel-
rahmfrischkäse (60% Fett i. Tr.) · 6 Eßl. Sahne ·
1 Eßl. Kirschwasser nach Belieben · frisch gemah-
lener weißer Pfeffer nach Geschmack · 2 gehäufte
Eßl. grobgehackte Walnußkerne
Pro Portion etwa 1360 Joule/325 Kalorien

● Zubereitungszeit: etwa 8 Minuten

So wird's gemacht: Den Edelpilzkäse und den
Doppelrahmfrischkäse mit der Gabel zerdrük-
ken und mit der Sahne sowie nach Belieben dem
Kirschwasser verrühren. Mit Pfeffer abschmek-
ken und zuletzt die Nüsse unterrühren. Bis zum
Servieren kalt stellen.

Paßt gut zu: rohem oder kurz überbrühtem Gemüse – beispielsweise Staudensellerie – oder zu
gekochten Artischocken

Avocado-Dip

Zutaten für 4 Personen:
1 reife Avocado von etwa 250 g · 6 Eßl. Milch ·
1 Teel. Zitronensaft · 200 g Doppelrahmfrischkäse
(60% Fett i. Tr.) · Salz · Knoblauchpfeffer
Pro Portion etwa 1525 Joule/365 Kalorien

● Zubereitungszeit: etwa 10 Minuten

So wird's gemacht: Die Avocado halbieren, den Stein entfernen. Das Fruchtfleisch mit einem Eßlöffel aus der Schale heben und im Mixer mit der Milch und dem Zitronensaft pürieren. • Den Doppelrahmfrischkäse zerbröckeln und in den letzten 30 Sekunden zugeben. • Den Dip mit Salz und Knoblauchpfeffer abschmecken.

Paßt gut zu: Kräckers

Mein Tip Dips werden besonders cremig, wenn man sie im Mixer zubereitet. Sogar körniger Frischkäse erhält dann eine glatte, samtige Konsistenz.

Kräutercreme

Bild Seite 17

Zutaten für 4 Personen:
100 g gekochter Schinken im Stück · 150 g Sahnejoghurt (10% Fett) · 1 Eßl. milder Senf · 1 Teel. Zitronensaft · 1 Spritzer Worcestersauce · je 1 gehäufter Eßl. frisch gehackte Petersilie, Zitronenmelisse, Kresse und Schnittlauchröllchen
Pro Portion etwa 605 Joule/145 Kalorien

● Zubereitungszeit: etwa 10 Minuten

So wird's gemacht: Den gekochten Schinken in 5 mm große Würfelchen schneiden. • Den Sahnejoghurt glattrühren, mit dem Schinken sowie den übrigen Zutaten mischen und kalt stellen.

Paßt gut zu: Folien- oder Pellkartoffeln

Sardellenquark

Bild Seite 17

Zutaten für 4 Personen:
250 g Quark (40% Fett i. Tr.) · 2 Eßl. Weißwein · 10 Sardellenfilets · 1 kleines Glas Kapern · 1 kleine Zwiebel · 1 mittelgroße Gewürzgurke · 2 Eßl. frisch geschnittener Schnittlauch · Salz · Pfeffer
Pro Portion etwa 650 Joule/155 Kalorien

● Zubereitungszeit: etwa 10 Minuten

So wird's gemacht: Den Quark mit dem Weißwein glattrühren. • Die Sardellenfilets und die Kapern getrennt abtropfen lassen und feinhakken. Die Zwiebel schälen und ebenso wie die Gewürzgurke feinhacken. • Zusammen mit dem Schnittlauch zum Quark geben und mischen, mit Salz und Pfeffer abschmecken und kalt stellen.

Paßt gut zu: Folien- oder Pellkartoffeln

Mein Tip Dips aus Milchfrischprodukten schmecken am besten, wenn man sie einige Zeit kalt durchziehen läßt. Vor dem Servieren sollte man sie nochmals abschmecken.

Tzatziki

Diese griechische Joghurtspeise wirkt an heißen Sommertagen besonders erfrischend.

Zutaten für 4 Personen:
1 mittelgroße Salatgurke · 1 mittelgroße Zwiebel · 2–3 Knoblauchzehen · 500 g griechischer Joghurt oder 2 Becher Joghurt zu je 150 g (3,5% Fett) und

200 g Quark (20% Fett i. Tr.) · 1 Eßl. Olivenöl ·
1 Teel. Essig · 2 Eßl. frisch gehackter Dill · Salz ·
frisch gemahlener weißer Pfeffer
Pro Portion etwa 545 Joule/130 Kalorien

● Zubereitungszeit: etwa 20 Minuten
● Ruhezeit: 1 Stunde

So wird's gemacht: Die Gurke schälen, der Länge nach halbieren und falls nötig die Kerne herauskratzen. Die Gurkenhälften in sehr feine Streifchen schneiden. Die Zwiebel schälen und feinhacken. Die Knoblauchzehen schälen und durch die Presse drücken. • Den Joghurt mit dem Öl und dem Essig cremig rühren. Die Zwiebel, den Knoblauch und den Dill daruntermengen und mit Salz und Pfeffer abschmecken. •

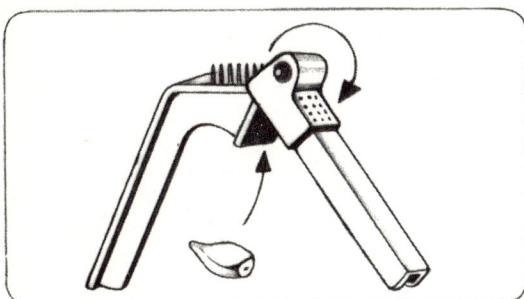

Gibt man Knoblauch an Dips, Cremes oder Dressings, zermust man ihn am besten mit der Knoblauchpresse.

Die Speise im Kühlschrank zugedeckt 1 Stunde durchziehen lassen. Vor dem Servieren nochmals umrühren.

Paßt gut zu: gegrilltem Fleisch oder gebratenen Auberginenscheiben

Krabben-Quark-Creme

Zutaten für 4 Personen:
1 kleine Zwiebel · 100 g Krabben aus der Dose ·
2 Eßl. Krabbenbrühe · 250 g Magerquark · 4 Eßl.
Milch · 2 Eßl. geriebener Meerrettich · 1 Eßl. Öl ·
2 Eßl. Zitronensaft · 1 Prise Zucker · Salz · frisch
gemahlener Pfeffer
Pro Portion etwa 525 Joule/125 Kalorien

● Zubereitungszeit: etwa 15 Minuten

So wird's gemacht: Die Zwiebel schälen und feinhacken. Die Krabben abtropfen lassen und ebenfalls feinhacken. • Die beiden Zutaten mit allen übrigen verrühren und den Dip abschmecken. Bis zum Servieren kalt stellen.

Paßt gut zu: Folien- oder Pellkartoffeln, zu hartgekochten Eiern, Avocados und Blinis

Matjescreme

Zutaten für 4 Personen:
2 Matjesfilets · 125 g Quark (40% Fett i. Tr.) ·
4 Eßl. Sahne · frisch gemahlener weißer Pfeffer ·
2 Eßl. frisch geschnittener Schnittlauch
Pro Portion etwa 860 Joule/205 Kalorien

● Zubereitungszeit: etwa 15 Minuten

So wird's gemacht: Die Matjesfilets abbrausen und trockentupfen, dann zunächst grob zerschneiden und im Mixer pürieren. • Das Püree mit dem Quark, der Sahne, Pfeffer und dem Schnittlauch verrühren. Bis zum Servieren kalt stellen.

Paßt gut zu: hartgekochten Eiern, Pell- oder Bratkartoffeln

Rettich-Quark-Creme

Zutaten für 4 Personen:
1 weißer Rettich von etwa 200 g · 250 g Quark
(20% Fett i. Tr.) · 4 Eßl. Sahne · Saft von
½ Zitrone · Salz · frisch gemahlener weißer
Pfeffer · 1 Eßl. frisch gehackter Dill · 1 Eßl. frisch
gehackte Petersilie · 50 g blättrig geschnittene
Haselnüsse
Pro Portion etwa 815 Joule/195 Kalorien

● Zubereitungszeit: 15–20 Minuten

So wird's gemacht: Den Rettich putzen, waschen
und grobraspeln. ● Den Quark mit der Sahne,
dem Zitronensaft, Salz und Pfeffer sowie den
Kräutern vermengen. Die Haselnüsse erst kurz
vor dem Servieren unterheben, um eine Verfär-
bung zu vermeiden.

Paßt gut zu: kaltem Schweinebraten oder zu
Bauernbrot

Frankfurter Grüne Sauce

Diese berühmte Sauce, angeblich schon von den
alten Römern geschätzt und von Goethe heiß ge-
liebt, schmeckt mir mit wenig Öl, aber viel Joghurt am besten.

Zutaten für 4 Personen:
2 hartgekochte Eigelbe · 2 Eßl. Öl · Saft von
½ Zitrone · 2 Becher Joghurt zu je 150 g (3,5%
Fett) · 125 g saure Sahne · je 1 Teel. Salz, Zucker
und Senf · frisch gemahlener Pfeffer und geriebe-
ne Muskatnuß nach Geschmack · 100 g frisch ge-
hackte Kräuter der Saison (möglichst viele Sorten,
wahlweise Petersilie, Schnittlauch, Dill, Kresse,
Kerbel, Pimpinelle, Borretsch, Estragon, Zitronen-
melisse, Liebstöckel, junger Spinat) · eventuell
1 kleine Zwiebel und 1 Knoblauchzehe
Pro Portion etwa 795 Joule/190 Kalorien

● Zubereitungszeit: etwa 15 Minuten

So wird's gemacht: Die Eigelbe mit der Gabel
zerdrücken und mit dem Öl und dem Zitronensaft verrühren. Den Joghurt und die saure Sahne
dazugeben und alles gut verschlagen. Mit dem
Salz, dem Zucker und den Gewürzen abschmek-
ken. Die Kräuter unterrühren. ● Bei Verwendung
die Zwiebel und die Knoblauchzehe schälen; die
Zwiebel feinhacken und zugeben, den Knoblauch durch die Presse dazudrücken. ● Die Sauce bis zum Servieren kalt stellen.

Paßt gut zu: hartgekochten Eiern, gekochtem
Rindfleisch (Tafelspitz) oder Pellkartoffeln

Quark-Senf-Sauce

Zutaten für 4 Personen:
250 g Quark (20% Fett i. Tr.) · 4 Eßl. saure
Sahne · 1 Eßl. scharfer Senf · abgeriebene Schale
von ½ Zitrone (unbehandelt) · Salz · frisch
gemahlener weißer Pfeffer
Pro Portion etwa 440 Joule/105 Kalorien

● Zubereitungszeit: etwa 5 Minuten

So wird's gemacht: Den Quark mit der sauren
Sahne und dem Senf cremig rühren und mit den
restlichen Zutaten abschmecken. Bis zum Servieren kalt stellen.

Paßt gut zu: gekochtem Rindfleisch, gegrilltem
oder blau gekochtem Fisch, hartgekochten Eiern
oder gekochten Artischocken

Tartarensauce

Zutaten für 4 Personen:
250 g fettarmer Trinkjoghurt · 4 Eßl. Crème fraîche · 4 Teel. Zitronensaft · 1 Teel. Knoblauchsalz · Salz · frisch gemahlener weißer Pfeffer · 1 Prise Zucker · 4 Schalotten · 4 Cornichons · 1 Eßl. Kapern
Pro Portion etwa 520 Joule/125 Kalorien

● Zubereitungszeit: etwa 10 Minuten

So wird's gemacht: Den Trinkjoghurt mit der Crème fraîche, dem Zitronensaft und dem Knoblauchsalz verrühren und mit Salz, Pfeffer und Zucker abschmecken. Etwas durchziehen lassen. • Währenddessen die Schalotten schälen und feinhacken, die Cornichons und die Kapern ebenfalls feinhacken. Alles unter die Sauce rühren.

Paßt gut zu: gebratenem oder gegrilltem Fleisch oder Fisch, zu Fleischfondue, Rohkost oder fritiertem Gemüse

> **Mein Tip** Statt Knoblauchsalz kann man auch 1 frisch gepreßte Knoblauchzehe verwenden.

Joghurt-Salatsauce

Zutaten für 4 Personen:
2 Becher Joghurt zu je 150 g (3,5% Fett) · 2 Eßl. Sahne · 2 Teel. Senf · 2 Teel. Zitronensaft · 1 Messerspitze edelsüßes Paprikapulver · Salz · frisch gemahlener weißer Pfeffer · 2–3 gehäufte Eßl. frisch gehackte Kräuter der Saison (Petersilie, Schnittlauch, Dill, Estragon, Kerbel, Kresse, Basilikum, Zitronenmelisse, Liebstöckel) · eventuell 1 Prise Zucker und 1 Eßl. Öl
Pro Portion etwa 460 Joule/110 Kalorien

● Zubereitungszeit: etwa 5 Minuten

So wird's gemacht: Alle Zutaten gut verrühren und nach Belieben den Zucker und das Öl zugeben. • Diese Sauce ist für alle Arten von Blattsalaten geeignet.

> **Mein Tip** Salatsaucen aus Joghurt können auch ganz ohne Öl zubereitet werden. Verwenden Sie jedoch Öl, sollte es ein gutes Sonnenblumen-, Maiskeimoder Distelöl sein. Die Kräuter sollten sehr fein gehackt, am besten in der Kräutermühle zerkleinert sein.

Warme Quark-Butter-Sauce

Zutaten für 4 Personen:
1 Schalotte · 6 Eßl. Essig (Sherry-Essig) · 3 Eßl. Butter · 4 Eßl. Sahne · 250 g Quark (20% Fett i. Tr.) · 1 Teel. Zitronensaft · Salz · frisch gemahlener weißer Pfeffer
Pro Portion etwa 835 Joule/200 Kalorien

● Zubereitungszeit: etwa 20 Minuten

So wird's gemacht: Die Schalotte schälen, feinhacken und mit dem Essig sowie 6 Eßlöffeln Wasser aufkochen und so lange kochen lassen, bis die Flüssigkeit fast ganz verdampft ist. • Nun die Butter einrühren und mit der Sahne aufgießen. Die Sauce kurz aufkochen lassen, dann von der Kochstelle nehmen und abkühlen lassen. Den Quark darunterschlagen und mit den restlichen Zutaten abschmecken. Die Sauce warm servieren.

Paßt gut zu: Fischgerichten, gekochtem Blumenkohl oder Spargel

Varianten: Bei Verwendung von Lachs- oder Krebsbutter statt der neutralen Tafelbutter erhalten Sie eine besonders delikate Sauce zu gegrilltem oder gedünstetem Fisch.

Curry-Quark-Dressing

Zutaten für 4 Personen:
2 Becher Joghurt zu je 150 g (3,5% Fett) · 4 Eßl. Magerquark · 4 Eßl. trockener Sherry nach Belieben · Saft von ½ Zitrone · 1 Eßl. Orangenmarmelade · 1 Teel. Curry · 1 Spritzer Worcestersauce · Salz · frisch gemahlener Pfeffer
Pro Portion etwa 480 Joule/115 Kalorien

● Zubereitungszeit: etwa 5 Minuten

So wird's gemacht: Den Joghurt mit dem Magerquark, nach Belieben dem Sherry, dem Zitronensaft und der Orangenmarmelade glattrühren und mit den restlichen Zutaten abschmecken. Bis zum Servieren kalt stellen.

Paßt gut zu: Geflügel-, Käse-, Obst-, Reissalat oder Rohkost

Variante: Das Dressing schmeckt sehr pikant und exotisch, wenn man es zur Abwechslung einmal statt mit Orangenmarmelade mit Mango-Chutney abschmeckt und mit Soja- statt mit Worcestersauce würzt.

Quark-Dessertsauce

Zutaten für 4 Personen:
125 g Quark (40% Fett i. Tr.) · 6 Eßl. Milch · Saft von ½ Zitrone · 2 Eßl. Zucker oder flüssiger Honig · 1 Päckchen echter Vanillezucker (Reformhaus) · nach Belieben 1 Schnapsglas (2 cl) Eierlikör
Pro Portion etwa 460 Joule/110 Kalorien

● Zubereitungszeit: etwa 5 Minuten

So wird's gemacht: Den Quark mit der Milch, dem Zitronensaft und dem Zucker oder Honig cremig rühren, mit dem Vanillezucker und eventuell dem Likör abschmecken. Bis zum Servieren kalt stellen.

Paßt gut zu: frischen Beerenfrüchten, Obstsalat; eignet sich auch als Dipsauce zu frischem Obst wie Birnen, Pfirsichen, Melonen oder Bananen

Kräuter-Dressing

Zutaten für 4 Personen:
250 g Trinkjoghurt · 4 Eßl. Mayonnaise (50% Fett) · 2–3 gehäufte Eßl. frisch gehackte Kräuter der Saison (Schnittlauch, Petersilie, Dill, Kresse, Kerbel, Pimpinelle, Borretsch, Estragon, Zitronenmelisse) · Saft von ½ Zitrone · 2 Teel. milder Senf · Zucker · Salz · frisch gemahlener weißer Pfeffer · 1 hartgekochtes Ei nach Belieben
Pro Portion etwa 795 Joule/190 Kalorien

● Zubereitungszeit: etwa 10 Minuten

So wird's gemacht: Alle Zutaten gut verrühren und die Sauce würzig abschmecken. Nach Belieben das Ei feinhacken und zuletzt unterheben.

Quark- und Joghurtspeisen werden oft mit frischen Kräutern verfeinert. Eine Kräutermühle tut hier gute Dienste.

Paßt gut zu: gekochtem Rindfleisch, gebratenem oder gegrilltem Fleisch oder Fisch, zu Fleischfondue, Folienkartoffeln oder grünen Salaten

Quark-Mayonnaise

Einfach und schnell herzustellen, dazu preiswert und kalorienarm – das sind die Vorteile dieser »Mayonnaise« im Vergleich zur echten. Wie diese läßt sie sich auch vielfältig abwandeln.

Zutaten für 6–8 Personen:
2 Eier · ½ Teel. Salz · 2 Eßl. Wein- oder Estragonessig · 2 Teel. Senf · 1 Teel.
Worcestersauce · frisch gemahlener weißer Pfeffer · 4 Eßl. Öl · 125 g Magerquark
Pro Portion etwa 395 Joule/95 Kalorien (bei 8 Portionen)

● Zubereitungszeit: etwa 5 Minuten

So wird's gemacht: Alle Zutaten in den Mixer geben und auf höchster Schaltstufe 3–4 Minuten laufen lassen.

Variante: Quark-Remouladensauce
Zur Quark-Mayonnaise je 2 feingehackte Pfeffergurken und 2 Sardellenfilets sowie 1 Eßlöffel gehackte Kapern und 1 Eßlöffel frisch gehackte Petersilie geben. ● Zu kaltem Braten reichen.

Variante: Quark-Ravigotesauce
Zur Quark-Mayonnaise 1 kleine, sehr fein gehackte Zwiebel sowie je 1 Eßlöffel feingehackte Kapern und 1 Eßlöffel frisch gehackte Kräuter (Estragon und Petersilie) geben. ● Zu geräucherter Forelle, zu gegrilltem Lachs und zu gekochtem Rindfleisch reichen.

Variante: Quark-Knoblauchsauce (Aioli)
3–4 geschälte Knoblauchzehen durch die Presse zur Quark-Mayonnaise drücken. ● Zu gegrillten Lammspießchen oder zu gebratenem Gemüse reichen.

Variante: Quark-Maltesersauce
Die Quark-Mayonnaise mit 4 Eßlöffeln Blutorangensaft und der abgeriebenen Schale von ½ unbehandelten Orange abschmecken. ● Zu Spargel, zu gedünstetem Fisch und zu Kalbsschnitzeln reichen.

Variante: Mexikanische Sauce mit Quark
Die Quark-Mayonnaise mit folgenden Zutaten vermengen: feine Würfelchen von 2 eingelegten Pfefferschoten, 1 Teelöffel Sardellenpaste und 1 Prise Cayennepfeffer oder 2–3 Tropfen Tabascosauce. ● Zu gegrilltem Hähnchen und zu Hacksteaks reichen.

Variante: Irische Lachssauce mit Quark
Zur Quark-Mayonnaise 2 Eßlöffel feingehackten Räucherlachs, 1 Teelöffel Sardellenpaste und das feingewürfelte Eiweiß von 1 hartgekochtem Ei geben. ● Zu gegrilltem Lachs und zu weißem Seefisch reichen.

Mozzarella mit Tomaten und Basilikum

Diese Kombination ist nicht nur in Italien sehr beliebt, sondern wird auch von deutschen Feinschmeckern zunehmend geschätzt.

Zutaten für 4 Personen:
4 große reife Tomaten · 2 kleine Mozzarella di Bufalo zu je 200 g (italienischer Frischkäse, 50% Fett i. Tr.) · einige Zweiglein frisches Basilikum · 4 Eßl. Olivenöl · Salz · frisch gemahlener weißer Pfeffer
Pro Portion etwa 1550 Joule/370 Kalorien

● Zubereitungszeit: etwa 20 Minuten

<u>So wird's gemacht:</u>Die Tomaten waschen, trockentupfen und in Scheiben schneiden. Den Mozzarella ebenfalls in Scheiben schneiden. Das Basilikum waschen, trockenschwenken und die Blätter abzupfen, große Blätter zerschneiden.
• Die Tomaten- und Käsescheiben schuppenartig auf Teller legen, mit dem Basilikum bestreuen, mit dem Öl beträufeln und mit Salz und Pfeffer würzen.

<u>Das paßt dazu:</u> knuspriges Weißbrot

Paprika-Vorspeise

Zutaten für 4 Personen:
1 rote und 1 grüne mittelgroße Paprikaschote · 150 g Edelpilzkäse (50% Fett i. Tr.) · 40 g weiche Butter · 200 g Rahmfrischkäse (50% Fett i. Tr.) · 14 paprikagefüllte Oliven · 2 Eßl. Kapern · 2 Eßl. frisch gehackte Petersilie · Salz · Knoblauchpfeffer nach Geschmack · 4 Salatblätter
Pro Portion etwa 1425 Joule/340 Kalorien

● Zubereitungszeit: etwa 35 Minuten
● Ruhezeit: 2 Stunden

<u>So wird's gemacht:</u> Die Stielansätze der Paprikaschoten mit einem kleinen Messer herausschneiden, Trennwände und Kerne herauslösen. Die Schoten außen und innen waschen und trockentupfen. • Den Edelpilzkäse mit der Gabel zerdrücken und mit der Butter und dem Rahmfrischkäse verrühren. • 4 Oliven beiseite stellen; die restlichen Oliven und die Kapern feinhacken und hinzufügen. Die Masse mit den restlichen Zutaten kräftig würzen. Dann mit einem Teelöffel in die Paprikaschoten drücken. Es sollten keine Hohlräume entstehen. • Die Paprikaschoten in Alufolie wickeln und für 2 Stunden in den Kühlschrank legen. Eventuell noch vorhandene Käsemasse ebenfalls kühl stellen. • Vor dem Servieren die Paprikaschoten mit einem scharfen Messer jeweils in 6 Scheiben schneiden. Die Salatblätter waschen und trockentupfen und auf 4 Portionsteller legen, je 3 Paprikascheiben farblich abwechselnd auf ein Salatblatt legen. Eventuell mit der restlichen Käsecreme mit Hilfe einer Tortenspritze garnieren und Oliven als i-Tüpfelchen obenauf setzen.

<u>Das paßt dazu:</u> knuspriges Stangenweißbrot

Quarkcremes lassen sich gut mit Folien- oder Pellkartoffeln kombinieren. Das Bild zeigt im Hintergrund einen Sardellenquark und eine Kräutercreme, Rezept Seite 10, und im Vordergrund Folienkartoffeln mit russischer Sauce, Rezept Seite 29.

Frischkäsepastete mit Weinblättern

Bild nebenstehend

Zutaten für 4 Personen:
1 Dose eingelegte Weinblätter
Füllung 1: 200 g Doppelrahmfrischkäse (60% Fett
i. Tr.) · 100 g Crème double · 3 Blatt weiße
Gelatine · 1 rote Paprikaschote · 1 Eiweiß ·
½ Eßl. edelsüßes Paprikapulver ·
1 Knoblauchzehe · 60 g gekochter Schinken ·
Salz · frisch gemahlener weißer Pfeffer
Füllung 2: 200 g Doppelrahmfrischkäse (60% Fett
i. Tr.) · 100 g Crème double · 3 Blatt weiße
Gelatine · 1 Eiweiß · 2 Eßl. frisch geschnittene
Kräuter (Schnittlauch und Petersilie)
Pro Portion etwa 2360 Joule/565 Kalorien

- Zubereitungszeit: etwa 1 Stunde
- Ruhezeit: 3–4 Stunden

So wird's gemacht: Die Weinblätter mit kaltem Wasser überbrausen, in einem Sieb abtropfen lassen und eine Kastenform oder kleine Formen damit auslegen. • Für die erste Füllung den Frischkäse mit der Crème double cremig rühren. Die Gelatine in kaltem Wasser einweichen, quellen lassen und im abgetropften Einweichwasser bei schwacher Hitze unter Rühren auflösen. Unter die Frischkäsecreme rühren und diese im

Kühlschrank erstarren lassen. • In der Zwischenzeit die Paprikaschote halbieren, entkernen, waschen und in sehr kleine Würfel schneiden. • Das Eiweiß zu steifem Schnee schlagen und unter die gelierende Creme ziehen. Die Creme teilen. Unter die eine Hälfte die Paprikawürfelchen und das Paprikapulver geben. Für die andere Hälfte die Knoblauchzehe schälen und in die Creme pressen. Den feingewürfelten Schinken zugeben. Beide Massen mit Salz und Pfeffer würzen. • Für die zweite Füllung die Basiscreme aus dem Doppelrahmfrischkäse, der Crème double, der Gelatine und dem Eiweiß nach der gleichen Methode wie für die erste Füllung zubereiten. Dann die Kräuter untermengen und abschmecken. • Die fertigen Füllungen schichtweise in die vorbereiteten Formen füllen. Mit Weinblättern abdecken und im Kühlschrank 3–4 Stunden durchziehen lassen. Erst danach anschneiden.

Das paßt dazu: knuspriges Stangenweißbrot

Gefüllte Lachsröllchen

Zutaten für 4 Personen:
125 g Rahmfrischkäse (50% Fett i. Tr.) · 4 Teel. geriebener Meerrettich · 1 Eßl. Joghurt (3,5% Fett) ·
Saft von ½ Zitrone · 1 Prise Zucker · Salz ·
4 nicht zu dünne Scheiben mild gebeizter Lachs ·
8 Blätter Friséesalat · 1 weiße Gemüsezwiebel
Pro Portion etwa 795 Joule/190 Kalorien

- Zubereitungszeit: etwa 15 Minuten

So wird's gemacht: Den Rahmfrischkäse mit einer Gabel zerdrücken und mit dem Meerrettich, dem Joghurt und dem Zitronensaft glattrühren. Mit dem Zucker und Salz abschmecken. • Die Creme auf den Lachsscheiben verteilen und diese einrollen. • Die Salatblätter waschen und trok-

Die Frischkäsepastete mit Weinblättern verlangt bei der Zubereitung einige Sorgfalt, doch gelingt sie auch dem Ungeübten. Das nebenstehende Foto zeigt die Arbeitsgänge. Eine Frischkäsepastete eignet sich sehr gut für ein kaltes Buffet.

kentupfen. Die Gemüsezwiebel schälen und in feine Ringe schneiden. • Die Lachsröllchen auf den Salatblättern anrichten und mit den Zwiebelringen garnieren.

Das paßt dazu: knuspriger Toast und Butter

Gefüllte Feigen

Zutaten für 4 Personen:
8 kleine frische Feigen · 200 g Rahmfrischkäse (50% Fett i. Tr.) · 2 Eßl. Cognac nach Belieben · 2 Eßl. Sahne · Salz · frisch gemahlener weißer Pfeffer · 4 Teel. gehackte Pistazienkerne
Pro Portion etwa 1255 Joule/300 Kalorien

● Zubereitungszeit: etwa 10 Minuten

So wird's gemacht: Die Feigen waschen, trockentupfen und längs halbieren. • Den Rahmfrischkäse nach Belieben mit dem Cognac und der Sahne cremig rühren und mit Salz und Pfeffer abschmecken. Die Käsecreme mit Hilfe einer Sterntülle auf die Feigenhälften spritzen und mit Pistazien bestreuen.

Gefüllte Pfirsiche

Zutaten für 4 Personen:
8 große gedünstete Pfirsichhälften · 200 g Rahmfrischkäse (50% Fett i. Tr.) · 2 Eßl. Weißwein · 2 Eßl. Pfirsichsaft · Salz · frisch gemahlener weißer Pfeffer · 4 Eßl. frisch geschnittene Kresse
Pro Portion etwa 940 Joule/225 Kalorien

● Zubereitungszeit: 10 Minuten

So wird's gemacht: Die Pfirsichhälften gut abtropfen lassen. • Den Rahmfrischkäse mit dem

Weißwein und dem Pfirsichsaft cremig rühren und mit Salz und Pfeffer abschmecken. Die Käsecreme mit Hilfe einer Sterntülle auf die Pfirsichhälften spritzen und dann mit der Kresse bestreuen.

Quarkbombe mit Grüner Sauce

Zutaten für 4 Personen:
2 Blatt weiße Gelatine · 6 entsteinte schwarze Oliven · 1 Eßl. eingelegte rote Paprikaschote · 1 Gewürzgurke · 250 g Magerquark · 3 Eßl. geriebener Emmentaler · 3–4 Eßl. Sahne · je ½ Teel. Salz und edelsüßes Paprikapulver
Zum Garnieren: Zwiebelringe · schwarze Oliven · Paprikastreifen · Gurkenscheiben
Grüne Sauce (Rezept Seite 12)
Pro Portion etwa 630 Joule/150 Kalorien (ohne Sauce)

● Zubereitungszeit: 1 Stunde
● Kühlzeit: 1 Stunde

So wird's gemacht: Die Gelatine in kaltem Wasser einweichen. • Die Oliven, die Paprikaschote und die Gewürzgurke in kleine Würfel schneiden. • Den Quark mit dem Käse und der Sahne verrühren, die gewürfelten Zutaten unterheben und die Masse mit dem Salz und dem Paprikapulver abschmecken. • Die Gelatine im abgetropften Einweichwasser bei schwacher Hitze unter Rühren auflösen und unter die Quarkmasse ziehen. Diese in eine mit kaltem Wasser ausgespülte tiefe Schüssel füllen und für mindestens 1 Stunde in den Kühlschrank stellen. • Dann auf eine Platte stürzen. Mit den angegebenen Zutaten garnieren und die Grüne Sauce getrennt dazu reichen.

Chicorée-Orangen-Salat

Zutaten für 4 Personen:
2 mittelgroße Chicoréestauden · 1 mittelgroße
Orange · 1 große weiße Gemüsezwiebel · 50 g
Walnußkerne · 175 g Joghurt (3,5% Fett) · 2 Eßl.
Öl · einige Spritzer Zitronensaft · Salz · frisch ge-
mahlener weißer Pfeffer · 1 Bund frische Brunnen-
kresse oder ½ Kästchen Gartenkresse
Pro Portion etwa 985 Joule/235 Kalorien

● Zubereitungszeit: etwa 25 Minuten

So wird's gemacht: Die Chicoréestauden von
den äußeren Blättern befreien, halbieren und
den bitteren Kern herausstechen. Den Chicorée
waschen und streifig schneiden. Eventuell für
10 Minuten in lauwarmes Wasser legen, um die
Bitterstoffe herauszuziehen. ● Die Orange schälen und in Spalten teilen, die Zwiebel schälen
und in feine Ringe schneiden. Alles mit den hal-
ben Walnußkernen vermengen. ● Für die Sauce
den Joghurt mit dem Öl, dem Zitronensaft, Salz
und Pfeffer verrühren. ● Die Sauce über den Salat gießen. Die Kresse kalt abbrausen und trok-
kenschwenken, den Salat damit garnieren.

Paßt gut zu: Kräuternudeln, Schweinefilet, ge-
bratener Leber oder Steaks

Pikanter Geflügel-Birnen-Salat

Zutaten für 4 Personen:
500 g gegartes Hähnchenfleisch · 2 Birnen (100 g
Fruchtfleisch) · 50 g frische Champignons · 125 g
Doppelrahmfrischkäse (60% Fett i. Tr.) · 2–3 Eßl.
Weißwein oder trockener Sherry nach Belieben ·
100 g saure Sahne · 2–3 Eßl. frisch gehackte

Kräuter (Brunnenkresse, Zitronenmelisse) ·
Salz · 1 Prise Cayennepfeffer
Pro Portion etwa 1360 Joule/325 Kalorien

● Zubereitungszeit: etwa 20 Minuten

So wird's gemacht: Das Hähnchenfleisch in 1 cm
große Würfel schneiden. Die Birnen schälen, von
Blüten- und Stengelansatz sowie vom Kerngehäuse befreien und das Fruchtfleisch in 1 cm
große Würfel schneiden. Die Champignons abbrausen, trockentupfen und samt Stiel in Scheiben schneiden. ● Den Doppelrahmfrischkäse
nach Belieben mit dem Weißwein oder Sherry,
mit der sauren Sahne und den Kräutern cremig
rühren. Mit Salz und Cayennepfeffer abschmek-
ken. Die Geflügel- und Birnenwürfel unter diese
Sauce ziehen und nach dem Anrichten mit den
Champignonscheiben garnieren.

Das paßt dazu: Toast oder Blätterteig-Fleurons

Gefüllte Eier mit Meerrettichcreme

4 hartgekochte Eier · 1 Zwiebel · 4 Eßl. weiche
Butter · 4 Eßl. Magerquark · 1 Eßl. geriebener
Meerrettich · Salz
Pro Ei etwa 960 Joule/230 Kalorien

● Zubereitungszeit: 15–20 Minuten

So wird's gemacht: Die Eier pellen und längs
halbieren. Die Eigelbe herauslösen. ● Für die
Creme die Zwiebel schälen und feinhacken. Die
Eigelbe mit der Gabel zerdrücken und mit der
Butter, dem Quark, der Zwiebel, dem Meerret-
tich und Salz zu einer spritzfähigen Creme ver-
rühren. ● Die Creme in einen Spritzbeutel mit
Sterntülle geben und die Eihälften damit füllen.

Variante: Gefüllte Eier mit Senfcreme

Für die Senfcreme die Eigelbe mit 4 Eßlöffeln weicher Butter, 4 Eßlöffeln Magerquark und 2 Eßlöffeln scharfem Senf verrühren. Die Eihälften damit füllen.

Variante: Gefüllte Eier mit Paprikacreme

Für die Paprikacreme die Eigelbe mit 4 Eßlöffeln weicher Butter, 4 Eßlöffeln Magerquark, 2 Eßlöffeln Sahne, 1 Eßlöffel edelsüßem Paprikapulver und Salz verrühren. Die Eihälften damit füllen.

Variante: Gefüllte Eier mit Kräutercreme

Für die Kräutercreme die Eigelbe mit 4 Eßlöffeln weicher Butter, 4 Eßlöffeln Magerquark, 1 Teelöffel Zitronensaft und 2 Eßlöffeln frisch gehackten Kräutern wie Petersilie, Dill oder Schnittlauch verrühren. Die Eihälften damit füllen.

Liptauer Quark

Zutaten für 4 Personen:
1 mittelgroße Zwiebel · 250 g Magerquark · 2 Eßl. Sahne · 50 g weiche Butter · 50 g geriebener Emmentaler · je 1 Teel. Sardellenpaste, scharfer Senf und gemahlener Kümmel · 2 Teel. edelsüßes Paprikapulver · Salz nach Geschmack
Pro Portion etwa 900 Joule/215 Kalorien

● Zubereitungszeit: etwa 15 Minuten

So wird's gemacht: Die Zwiebel schälen und feinhacken. • Den Magerquark mit der Sahne, der Butter, dem Emmentaler und der Zwiebel verrühren und mit den Gewürzen pikant abschmecken. Bis zum Servieren kalt stellen.

Paßt gut zu: Vollkornbrot oder Bauernbrot

Würziges Quarkbrot

Zutaten für 1 Person:
125 g Magerquark · 2–3 Eßl. Milch · 1 Teel. Sardellenpaste · 2 Eßl. frisch geschnittener Schnittlauch · Salz · Pfeffer · 1–2 Scheiben Brot · Butter und frisch gehackte Kräuter nach Bedarf
Pro Portion 1250–1800 Joule/300–430 Kalorien

● Zubereitungszeit: 5–10 Minuten

So wird's gemacht: Den Quark mit der Milch glattrühren. Den Quark mit den Würzzutaten abschmecken. • Das Brot mit Butter bestreichen, den Quark darauf verteilen und mit frischen Kräutern verzieren.

Variante 1: Den glattgerührten Quark mit 1 Eßlöffel geriebenem Meerrettich, 1 Teelöffel Zitronensaft, 1 Prise Zucker, Salz und Pfeffer würzen.

Variante 2: Den glattgerührten Quark mit 2 Messerspitzen edelsüßem Paprikapulver, 1 Eßlöffel feingehackten grünen Oliven, Salz und Pfeffer verrühren.

Variante 3: Den glattgerührten Quark mit je 1 Teelöffel feingehackter Zwiebel und Kapern, mit 1 Eßlöffel feingehackter Gewürzgurke, 1 Teelöffel Senf, Salz und Pfeffer verrühren.

Variante 4: Den glattgerührten Quark mit 1 Eßlöffel Räucherlachswürfeln oder 1 Teelöffel Lachspaste, mit 1 Teelöffel Zitronensaft, 1 Teelöffel gehacktem Dill, Salz und Pfeffer vermischen.

Variante 5: Den glattgerührten Quark mit 1 Teelöffel Leinöl, 1 Eßlöffel gehackten Kürbiskernen, 1 Teelöffel Hefeflocken, Salz und Pfeffer vermischen.

Variante 6: Den glattgerührten Quark mit 1 Teelöffel scharfem Senf, 1 gehackten hartgekochten Ei, Salz und Pfeffer verrühren.

Variante 7: Den glattgerührten Quark mit 1 Eßlöffel Tomatenwürfeln, 1 Teelöffel frisch gehacktem Basilikum, 1 Teelöffel Pinienkernen, Salz und Pfeffer vermischen.

Auberginen mit Joghurt

In vielen asiatischen Küchen ißt man Gemüse mit Vorliebe in Begleitung von Joghurtsauce. In Indien werden diese Saucen »Raitas« genannt.

Zutaten für 4 Personen:
400 g Auberginen · 1 Eßl. Öl · 2 Becher Joghurt zu je 150 g (3,5% Fett) · 1 Prise Cayennepfeffer · 1 Eßl. gehackte frische Minze · Salz nach Geschmack
Pro Portion etwa 420 Joule/100 Kalorien

- Vorbereitungszeit: 10 Minuten
- Garzeit: etwa 15 Minuten
- Zeit zum Abkühlen: etwa 30 Minuten

So wird's gemacht: Die Auberginen von den Stengelansätzen befreien, waschen, schälen und in große Würfel schneiden. • Das Öl in einer Kasserolle erhitzen. Die Auberginen zugeben und im geschlossenen Topf bei schwacher Hitze etwa 15 Minuten dünsten, nach Bedarf etwas Wasser zugeben. • Inzwischen den Joghurt mit den restlichen Zutaten verrühren und kalt stellen. • Die weichen Auberginen abkühlen lassen, dann mit der Joghurtsauce vermengen und bis zum Servieren kühl stellen.

Paßt gut zu: Grilladen, Lammspießchen oder Geflügelgerichten

Ungarisches Kürbisgemüse in Joghurtsauce

Zutaten für 4 Personen:
750 g Kürbis-Fruchtfleisch (geschält und entkernt) · 1–2 Teel. Salz · 1 weiße Gemüsezwiebel · 2 Eßl. Öl · 4–5 Eßl. Fleischbrühe · 1 Becher Sahnejoghurt zu 150 g (10% Fett) · 1 Teel. Speisestärke · 2 Eßl. frisch gehackter Dill · 1 Teel. brauner Zucker · einige Spritzer Weinessig · weißer Pfeffer
Pro Portion etwa 630 Joule/150 Kalorien

- Vorbereitungszeit: etwa 25 Minuten
- Garzeit: etwa 20 Minuten

So wird's gemacht: Das Kürbisfleisch grobraspeln und mit dem Salz bestreut kurze Zeit ruhen lassen. Die Gemüsezwiebel schälen und feinhacken. • Das Öl in einer Kasserolle erhitzen und die zuvor ausgedrückten Kürbisraspel darin andünsten. Mit der Fleischbrühe aufgießen und 15–20 Minuten zugedeckt dünsten lassen. Den Sahnejoghurt mit der Speisestärke verrühren, zu dem Gemüse geben und einmal aufkochen lassen. • Den Dill unterrühren. Das Kürbisgemüse mit dem Zucker, Weinessig und Pfeffer abschmecken.

Paßt gut zu: Schweinebraten und Salzkartoffeln

Varianten: Statt mit Kürbisfleisch kann dieses Gericht auch mit Salatgurken oder Zucchini zubereitet werden.

Almsuppe

Bild 2. Umschlagseite

In der »Sommerfrische« in den hochgelegenen Regionen essen türkische Familien gerne diese erfrischende, belebende Suppe, die auch als Krankenkost gereicht wird.

Zutaten für 4 Personen:
½ l Fleischbrühe (von Lamm oder Kalb) · 250 g Joghurt (3,5% Fett) · 1 Eßl. Mehl · 1 Ei · 100 g Langkornreis · Salz · 5 Eßl. feingehackte frische oder 2½ Eßl. gerebelte getrocknete Minzblätter · 3 Eßl. Butter · reichlich Rosenpaprikapulver
Pro Portion etwa 1110 Joule/265 Kalorien

- Zubereitungszeit: etwa 35 Minuten
- Garzeit: etwa 20 Minuten

So wird's gemacht: Die Fleischbrühe erhitzen. • Den Joghurt mit dem Mehl und dem Ei verrühren. Den gewaschenen Reis zufügen und alles unter ständigem Rühren zum Kochen bringen. Langsam die heiße Fleischbrühe angießen. Die Suppe etwas salzen und 2 Eßlöffel frische oder 1½ Eßlöffel getrocknete Minzblätter hinzufügen. • Die Butter in einer Pfanne erhitzen und die restlichen Minzblätter zusammen mit Paprikapulver darin kräftig anbraten. Diese Buttermischung zum Schluß in die Suppe geben.

Tomatensuppe mit Quarkklößchen

Zutaten für 4 Personen:
750 g reife Tomaten · 1 große Zwiebel · 2 Eßl. Öl · 1 Teel. gerebelter getrockneter Oregano · 1 Lorbeerblatt · ¾ l Fleischbrühe · 250 g

Magerquark · 2 Eier · Salz · 1 Messerspitze geriebene Muskatnuß · 1 Eßl. frisch gehackte Petersilie · 100 g feiner Grieß · 1 Teel. Speisestärke · 1 Teel. brauner Zucker · frisch gemahlener weißer Pfeffer · 2 Eßl. Crème fraîche
Pro Portion etwa 1445 Joule/345 Kalorien

- Vorbereitungszeit einschließlich Ruhezeit: etwa 45 Minuten
- Garzeit: etwa 30 Minuten

So wird's gemacht: Die Tomaten waschen und vierteln. Die Zwiebel schälen und grobhacken. • Das Öl in einem Topf erhitzen und die Zwiebel darin anrösten. Die Tomatenstücke dazugeben und den Oregano sowie das Lorbeerblatt darüberstreuen. Alles einige Minuten dünsten, dann mit der Fleischbrühe aufgießen und die Suppe zugedeckt 20 Minuten kochen lassen. • Inzwischen für die Quarkklößchen den Quark mit den Eiern, Salz, der Muskatnuß und der Petersilie verrühren. Den Grieß einrühren und die Masse zugedeckt 10–15 Minuten quellen lassen. Währenddessen Salzwasser zum Kochen bringen. Sobald die Quarkmasse gequollen ist, mit 2 Teelöffeln, die man hin und wieder in heißes Wasser taucht, Klößchen abstechen und in das siedende Wasser geben. Sobald die Klößchen an die Oberfläche aufsteigen, in 8–10 Minuten gar ziehen lassen. • Die Tomatensuppe inzwischen durch ein Sieb streichen. Mit der in etwas kaltem Wasser angerührten Speisestärke binden, mit dem Zucker, Salz und Pfeffer abschmecken und zuletzt die Crème fraîche unterziehen. • Die Klößchen aus dem Kochwasser heben. Die Tomatensuppe in Teller füllen und die Klößchen gleichmäßig darauf verteilen.

Variante: Ricotta-Gnocchi
Für diese italienische Variante der Quarkklößchen verwendet man Ricotta und gibt anstelle von Grieß zu gleichen Teilen Parmesan und Mehl hinzu.

Canelloni mit Ricotta auf Hausfrauenart

Canelloni, meist mit Nudelteig zubereitet, werden gelegentlich auch mit Pfannkuchenteig hergestellt wie in diesem Rezept.

Zutaten für 4 Personen:
Für den Teig: 100 g Mehl · 1 Prise Salz ·
2 Eigelbe · 1 Ei · 1 Eßl. Öl · etwa ⅛ l Milch
Für die Füllung: 750 g Spinat · 150 g Ricotta (30%
Fett i. Tr.) · 100 g Mascarpone (80% Fett i. Tr.) ·
50 g geriebener Parmesan · 1 Teel. Salz · 1 Messerspitze geriebene Muskatnuß · 1 Ei
Zum Backen und Bestreuen: reichlich Butter ·
2 Salbeiblätter, frisch oder getrocknet · 50 g geriebener Parmesan · geriebene Muskatnuß
Pro Portion etwa 2345 Joule/560 Kalorien

- Vorbereitungszeit: etwa 50 Minuten
- Backzeit: etwa 45 Minuten

So wird's gemacht: In einer Schüssel das Mehl, das Salz, die Eigelbe und das ganze Ei, das Öl und die Milch zu einem glatten Teig verrühren. 30 Minuten stehen lassen. • Inzwischen den Spinat verlesen, waschen, in einer Kasserolle nur im Abtropfwasser – ohne weitere Wasserzugabe – etwa 8 Minuten dünsten. Danach gut ausdrücken, durch den Fleischwolf drehen oder im Mixer pürieren. • In einer Schüssel den Spinat, den Ricotta, den Mascarpone und den Parmesan mit

---

> **Mein Tip** Anstelle von Ricotta kann auch Quark mit 20% Fettgehalt und anstelle von Mascarpone Doppelrahmfrischkäse mit 60% Fett i. Tr. verwendet werden.

---

dem Salz, der Muskatnuß und dem Ei vermengen. • Den Backofen auf 200° vorheizen. • In einer Pfanne Butter erhitzen und darin aus dem Teig dünne Pfannkuchen backen, bis der Teig aufgebraucht ist. Diese in rechteckige, 10 × 6 cm große Stücke schneiden, auf jedes einen Eßlöffel Füllung geben und die Teigstücke aufrollen.
• Eine Auflaufform buttern und die Teigrollen nebeneinander hineinlegen. Butter zerlassen, die Salbeiblätter zufügen, und das Ganze über die Teigrollen gießen. Mit dem Parmesan sowie reichlich Muskatnuß bestreuen und im Backofen auf der mittleren Schiene 25 Minuten backen. Sofort servieren.

Das paßt dazu: grüner Salat oder Tomatensalat

Kräuternudeln mit Frischkäse

Zutaten für 4 Personen:
250 g grüne Bandnudeln · Salz · 1 mittelgroße
Zwiebel · 200 g gekochter Schinken · 30 g
Butter · 400 g körniger Frischkäse · 150 g Joghurt
(3,5% Fett) · frisch gemahlener weißer Pfeffer
nach Geschmack · 5 Eßl. frisch gehackte gemischte Kräuter (Schnittlauch, Petersilie, Zitronenmelisse und Basilikum) · 2–3 Eßl. Pinienkerne
Pro Portion etwa 2530 Joule/605 Kalorien

- Garzeit: 8–10 Minuten
- Zubereitungszeit: etwa 25 Minuten

So wird's gemacht: Die Nudeln in leicht gesalzenem Wasser in 8–10 Minuten kernig (al dente) kochen und zum Abtropfen auf ein Sieb geben. • Die Zwiebel schälen und feinhacken, den Schinken feinwürfeln. Die Butter in einer Pfanne erhitzen und die Zwiebel sowie den Schinken darin hell anrösten. • Den Frischkäse mit dem Joghurt verrühren und mit Pfeffer abschmecken. • 4 gehäufte Eßlöffel Kräuter unter die Frischkäse-Joghurt-Mischung rühren und zusammen mit der Schinken-Zwiebel-Mischung unter die Nudeln heben. Die Pinienkerne und die restlichen Kräuter darüberstreuen und das Gericht vor dem Servieren nochmals erwärmen.

Das paßt dazu: Tomatensalat oder Chicorée-Orangen-Salat

Nudelflecken mit Spinatfüllung

Bild nebenstehend

Zutaten für 4 Personen:
Für den Teig: 400 g Mehl · 2 Eier · 1 Eßl. Öl ·
1 Teel. Salz
Für die Füllung: 200 g Spinat · 250 g Quark (20%
Fett i. Tr.) · 50 g geriebener Emmentaler (45% Fett
i. Tr.) · 1 Ei · 1 Prise Salz · 1 Prise weißer Pfeffer ·
1 Prise geriebene Muskatnuß
20 g Butter · 1 Eßl. Semmelbrösel · 50 g Emmentaler

Pro Portion etwa 2820 Joule/675 Kalorien
● Vorbereitungszeit: etwa 50 Minuten
● Garzeit: etwa 15 Minuten

So wird's gemacht: Das Mehl auf das Backbrett oder in eine breite Schüssel sieben, in der Mitte eine Vertiefung eindrücken und die Eier, 2 Eßlöffel lauwarmes Wasser, das Öl und das Salz darin verrühren. Nach und nach mit dem Mehl zu einem glatten Teig verkneten. Beim Kneten den Teigballen immer wieder mit der Hand flachdrücken, zusammenschlagen und wieder drücken. Wenn der Teig nicht mehr an den Händen kleben bleibt, ist er fertig. • Den Teig 15 Minuten mit einem Küchentuch zugedeckt ruhen lassen. Dann auf bemehltem Backbrett 2 gleich große Teigstücke dünn ausrollen. • Für die Füllung den Spinat von den Stielen befreien, waschen, abtropfen lassen und sehr fein schneiden. Den Spinat mit dem Quark, dem geriebenen Käse, dem Ei, dem Salz und den Gewürzen vermengen. • Kleine Häufchen davon in gleichmäßigen Abständen auf eines der Teigstücke setzen, das andere Teigstück locker darüberlegen. Mit einem in Wasser getauchten Plätzchenausstecher rund um die Häufchen Nudelflecken ausstechen. Die Ränder festdrücken. In einem großen Topf Salzwasser zum Kochen bringen und die Teigflecken darin einmal aufkochen und danach in etwa 10–15 Minuten gar ziehen lassen. • In einer kleinen Pfanne die Butter erhitzen und die Semmelbrösel darin etwas bräunen. • Die Teigflecken abtropfen lassen und mit den gebräunten Semmelbröseln und dem geriebenen Käse bestreut anrichten.

Das paßt dazu: grüner Salat oder Tomatensalat

Überraschen Sie einmal Ihre Familie und Ihre Gäste mit selbstgemachten Nudelflecken. Und nehmen Sie sich für die Zubereitung etwas Zeit. Die verschiedenen Arbeitsgänge machen, wie das nebenstehende Foto zeigt, ausgesprochen Spaß. Rezept auf dieser Seite.

Folienkartoffeln mit russischer Sauce

Bild Seite 17

Zutaten für 4 Personen:
8 Kartoffeln zu je etwa 100 g · 1 Eßl. Öl · 1 Teel.
Salz · 2 Eßl. Kümmel
Für die Sauce: 150 g Sahnejoghurt (10% Fett) ·
4 Eßl. Mayonnaise (50% Fett) · ½ Tasse Rote-Be-
te-Würfel (aus dem Glas) · ½ Tasse Senfgurken-
Würfel (aus dem Glas) · 1 kleine Zwiebel ·
1 Knoblauchzehe · 1–2 Eßl. geriebener Meer-
rettich
Pro Portion etwa 1955 Joule/465 Kalorien

● Vorbereitungszeit: etwa 25 Minuten
● Garzeit: etwa 50 Minuten

So wird's gemacht: Den Backofen auf 200° vorheizen. ● Die Kartoffeln gründlich unter fließen-
dem Wasser abbürsten, abtrocknen und an einer
Seite kreuzweise einschneiden. 8 genügend große Stücke Alufolie mit dem Öl bestreichen. Das
Salz und den Kümmel mischen, auf die Alufolie
streuen, die Kartoffeln darauflegen und die Folie
rundherum gut schließen. ● Die Kartoffeln auf
den Rost des Backofens legen und auf der mittleren Schiene in 50 Minuten garen. ● Inzwischen
den Joghurt mit der Mayonnaise glattrühren.
Die Rote-Bete-Würfel und die Senfgurken-Wür-
fel abtropfen lassen und in 5 mm große Würfelchen schneiden. Die Zwiebel schälen und feinhacken. Den Knoblauch schälen und durch die
Presse dazudrücken. Alle genannten Zutaten sowie den Meerrettich gut vermengen und kalt stellen. Sobald die Folienkartoffeln gar sind, diese
mit der Sauce zu Tisch geben.

Mein Tip Auch Kräutercreme, Sar-
dellenquark und viele andere würzige
Quarkmischungen passen gut zu den
Folienkartoffeln.

Ein Feinschmeckergericht von pikantem Geschmack
ist Zanderfilet mit Basilikumsauce. In Butter geschwenkte Bandnudeln und grüner Salat bilden eine
ideale Ergänzung. Rezept Seite 30.

Gefüllte Quarkknödel

Zutaten für 4 Personen:
Für den Teig: 500 g Quark (20% Fett i. Tr.) ·
2 Eier · 50 g Grieß · 50 g Semmelbrösel · 1 Eßl.
frisch gehackte Petersilie · Salz · geriebene Mus-
katnuß nach Geschmack · Mehl nach Bedarf
Für die Füllung: 1 kleine Zwiebel · 1 Eßl. Butter ·
1 Eßl. frisch gehackte Petersilie · 200 g
Rinderhack · 1 Eigelb · 1 Teel. Sardellenpaste ·
1 Eßl. Semmelbrösel · eventuell Salz und Pfeffer
zum Abschmecken
Zum Anrichten: Butter
Pro Portion etwa 1800 Joule/430 Kalorien

● Vorbereitungszeit: etwa 30 Minuten
● Garzeit: etwa 10 Minuten

So wird's gemacht: Den Quark mit den Eiern, dem Grieß, den Semmelbröseln und der Petersilie verrühren. Den Teig mit Salz und Muskat abschmecken. Mit etwas Mehl auf dem Backbrett eine Rolle formen, Scheiben davon abschneiden und flachdrücken. • Für die Füllung die Zwiebel schälen und feinhacken. Die Butter erhitzen und die Zwiebel sowie die Petersilie darin andünsten. Mit den restlichen Zutaten vermengen und abschmecken. • Die Füllung auf die Teigscheiben verteilen, jede Scheibe zusammendrücken und zu einem Knödel formen. • Reichlich Salzwasser erhitzen, die Knödel darin aufkochen und in etwa 10 Minuten gar ziehen lassen. • Die Butter bräunen und die Knödel damit übergießen.

Das paßt dazu: gemischter Salat

Zanderfilet mit Basilikumsauce

Bild Seite 28

Zutaten für 4 Personen:
4 Zanderfilets · Salz · weißer Pfeffer · Saft von 1 Zitrone · 8 Eßl. Mehl · 4 Eßl. Butter · ⅛ l Weißwein (fränkischer Riesling) · 100 g Sahnejoghurt (10% Fett) · 1 Teel. Speisestärke · 2 Eßl. frisch gehacktes Basilikum
Pro Portion etwa 1630 Joule/390 Kalorien

- Vorbereitungszeit: etwa 15 Minuten
- Garzeit: 10 Minuten

So wird's gemacht: Die Zanderfilets mit Salz, Pfeffer und dem Zitronensaft würzen und in dem Mehl wenden. • 1 Eßlöffel Butter kalt stellen und die restliche Butter in der Pfanne erhitzen. Die Zanderfilets darin von beiden Seiten kurz anbraten und mit dem Weißwein ablöschen.

5–6 Minuten dünsten. • Die Zanderfilets warm stellen. • Den Sahnejoghurt mit der Speisestärke verrühren und zum Fond geben. Einmal aufkochen lassen. Die eiskalte Butter zur Sauce geben. Zuletzt das Basilikum einrühren. Die Sauce beim Servieren über die Filets geben.

Das paßt dazu: in Butter geschwenkte Bandnudeln und ein grüner Salat

Mein Tip Joghurt und Dickmilch können wie Sahne und Sauerrahm zum Binden und Verfeinern von Suppen und Saucen verwendet werden – vor allem die Sorten mit hohem Fettgehalt sowie cremige Sorten. Um ein Gerinnen zu vermeiden, verrührt man sie mit wenig Mehl oder Speisestärke, ehe man sie an das kochende Gericht gibt. Damit Joghurt, der zum Binden verwendet werden soll, besonders trocken ist, gibt man ihn auf einen Durchschlag, in den man eine Baumwollserviette gelegt hat.

Matjes mit Joghurt-Pfeffer-Sauce

Zutaten für 4 Personen:
8 entgrätete Matjesfilets · ½ l fettarme Milch · 1 große weiße Gemüsezwiebel · 200 g Joghurt (3,5% Fett) · ½ Teel. Salz · 2 Teel. Zitronensaft · 1 gehäufter Teel. eingelegter grüner Pfeffer · 2 hartgekochte Eier
Pro Portion etwa 2280 Joule/545 Kalorien

- Zeit zum Ziehen: 30 Minuten
- Zubereitungszeit: etwa 20 Minuten

So wird's gemacht: Die Matjesfilets 30 Minuten lang in die Milch legen und in den Kühlschrank stellen. • Die Zwiebel schälen, feinhacken und mit dem Joghurt, dem Salz, dem Zitronensaft und dem Pfeffer verrühren. Die Eier feinhacken und vorsichtig unter die Sauce ziehen. • Die Matjesfilets aus der Marinade nehmen, trockentupfen und in 3 cm breite Schrägstreifen schneiden. Auf eine Servierplatte legen, mit der Sauce übergießen und servieren.

Das paßt dazu: neue Kartoffeln

Lammragout mit Joghurt

Bild Seite 37

Zutaten für 4 Personen:
600 g Lammschulter ohne Knochen · 1 Zwiebel ·
1 Knoblauchzehe · 4 Eßl. Öl · 2 Eßl. frisch ge-
hackte Petersilie · 1 Becher Sahnejoghurt zu 150 g
(10% Fett) · frisch gemahlener schwarzer Pfeffer ·
1 rote Paprikaschote · 1 Eßl. Crème fraîche · 50 g
grob gehackte Walnußkerne
Pro Portion etwa 2595 Joule/620 Kalorien

● Zubereitungszeit: etwa 30 Minuten
● Garzeit: etwa 1 Stunde

So wird's gemacht: Das Fleisch trockentupfen, von Fett und Sehnen befreien und in etwa 2 cm große Würfel schneiden. Die Zwiebel und die Knoblauchzehe schälen und feinhacken. • Das Öl in einer Pfanne erhitzen. Das Fleisch portionsweise darin rundherum anbraten. Die angebratenen Stücke jeweils herausnehmen und in ein Sieb über eine Schüssel geben, in der der Fleischsaft aufgefangen wird. • Sobald das gesamte Fleisch angebraten ist, die Zwiebel und den Knoblauch in das Fett geben und unter Rüh-

ren glasig braten. • Das Fleisch und den Fleischsaft wieder hinzufügen. Die Petersilie bis auf ein Drittel und den Joghurt untermischen und den Pfeffer darübermahlen. Den Bratfond unter Rühren lösen. Alles zugedeckt bei schwacher Hitze 1 Stunde schmoren lassen. Kurz vor Ende der Garzeit die Paprikaschote längs vierteln, den Stiel, die Trennwände und die Kerne entfernen. Die Schotenviertel waschen, trockentupfen und feinhacken. Die Paprikaschote und die Crème fraîche in das Ragout rühren und heiß werden lassen. Das Lammragout mit den Walnüssen und der restlichen Petersilie bestreuen.

Das paßt dazu: Naturreis

Poularde mit Frischkäsefüllung

Geflügel mit Frischkäse zu füllen, ist recht ungewöhnlich, doch der Erfolg gibt uns recht: Es bleibt besonders saftig und zart.

Zutaten für 4 Personen:
1 Poularde von etwa 1200 g · 250 g Rahmfrischkä-
se (50% Fett i. Tr.) · 4 Eßl. Sahne · 1 Ei · 1 Schei-
be Toastbrot · 50 g gekochter Schinken · je 1 Eßl.
frisch geschnittener Schnittlauch und Dill · 1 Eßl.
frisch gehackte Petersilie · Salz · weißer Pfeffer ·
1 Teel. Öl · 6 Eßl. trockener Rosé oder Weißwein
Pro Portion etwa 2510 Joule/600 Kalorien

● Vorbereitungszeit: 1 Stunde
● Garzeit: 40–50 Minuten

So wird's gemacht: Die Poularde innen und außen gründlich abspülen und trockentupfen. • Für die Füllung den Rahmfrischkäse, die Sahne und das Ei verrühren. Das Toastbrot und den Schinken kleinschneiden. Beide Zutaten sowie die Kräuter unter den Frischkäse heben. Mit Salz und Pfeffer abschmecken. • Den Backofen auf 220° vorheizen. • Die Poularde füllen und die Bauchöffnung zunähen. Die Poularde von außen mit Salz und Pfeffer einreiben und in einen großen Bratfolienbeutel legen. Die Folie nach Vorschrift zubinden und dabei von einer Seite das Öl und den Wein zur Poularde geben. Auch die andere Seite verschließen und die Poularde auf dem Rost 40–50 Minuten braten. Danach die Poularde kurz ruhen lassen, erst dann tranchieren.

Das paßt dazu: Blattspinat oder Broccoli, Butternudeln oder Reis

Mein Tip Sie können die gefüllte Poularde auch in einer gebutterten Bratform garen. Begießen Sie sie dann zu Beginn mit dem Öl und füllen Sie den Wein am Rand ein. Beschöpfen Sie die Poularde während des Bratens mit der Bratflüssigkeit und wenden Sie das Tier nach der Hälfte der Bratzeit.

Indisches Curry-Hähnchen

Tandoori-Hähnchen

In der würzigen indischen Küche spielt der Joghurt dieselbe Rolle wie der Wein in der Küche der Franzosen: Fleisch wird gerne in Joghurtsauce geschmort. Auch vor dem Grillen bestreicht man Fleisch und Geflügel mit einer Joghurtmarinade – ein nachahmenswerter Trick.

Zutaten für 4–6 Personen:
2 bratfertig ausgenommene Hähnchen zu je etwa 600 g · Salz · 2 Becher Joghurt zu je 150 g (3,5% Fett) · 2 Knoblauchzehen · 1 Teel. Ingwerpulver · 1 Eßl. edelsüßes Paprikapulver · 1 Teel. gemahlener Kardamom · 1 Teel. Kuminpulver (Kreuzkümmel) · abgeriebene Schale von 1 Zitrone (unbehandelt) · 4 Eßl. zerlassene Butter
Pro Portion etwa 1735 Joule/415 Kalorien (bei 4 Portionen)

- Vorbereitungszeit: etwa 30 Minuten
- Marinierzeit: 12–24 Stunden
- Bratzeit: etwa 60 Minuten

So wird's gemacht: Die Hähnchen halbieren, waschen, trockentupfen und mit Salz einreiben. In eine tiefe Schüssel legen. • Den Joghurt verrühren. Die Knoblauchzehen schälen und durch die Presse dazudrücken. Den Joghurt mit dem Knoblauch und den Gewürzen sowie der Zitronenschale vermengen und über die Hähnchenhälften gießen. Die Schüssel gut abdecken und 12–24 Stunden in den Kühlschrank stellen. • Den Backofen auf 180° vorheizen. • Die Hähnchenhälften auf den geölten Rost über der Fettpfanne legen, mit der Joghurtmarinade nochmals einpinseln und etwa 60 Minuten langsam braten. Während des Bratens mehrmals mit der Marinade bestreichen. 10 Minuten vor Ende der Bratzeit die Hähnchenhälften mit der zerlassenen Butter bepinseln.

Das paßt dazu: Naturreis, Salate

Reizvolle Omelettes und Soufflés

Omelettes mit Kräutercreme

Zutaten für 2 Personen:
2 Schalotten · 50 g roher Schinken · 100 g
Schichtkäse (20% Fett i. Tr.) · 2 Eßl. Crème
fraîche · 4 Eßl. frisch gehackte gemischte Kräuter
(wahlweise Petersilie, Dill, Kresse, Kerbel, Sauer-
ampfer, junger Löwenzahn, Zitronenmelisse,
Liebstöckel) · Salz · frisch gemahlener weißer
Pfeffer · 6 Eier · 4 Teel. Butter
Pro Portion etwa 2760 Joule/660 Kalorien

● Vorbereitungszeit: etwa 15 Minuten
● Backzeit: etwa 15 Minuten

So wird's gemacht: Für die Füllung die Schalotten schälen und feinhacken. Den Schinken ebenfalls feinhacken. Beide Zutaten mit dem Schichtkäse, der Crème fraîche und den Kräutern gut
verrühren und mit Salz und Pfeffer abschmek-
ken. • Für die Omelettes die Eier mit Salz und
Pfeffer mit Hilfe einer Gabel rasch schaumig
schlagen. 2 Teelöffel gut gekühlte Butter in kleine
Würfel schneiden und unter die Eimasse rühren. • Für die erste Omelette 1 Teelöffel Butter in
der Omelettpfanne erhitzen, aber nicht bräunen. Die Hälfte der Eier hineingeben und die
Unterseite leicht stocken, jedoch nicht bräunen
lassen. Sobald auch die Oberseite fest zu werden
beginnt, die Omelette auf einen Teller gleiten lassen, die Hälfte der Kräutercreme daraufgeben
und eine Hälfte der Omelette über die Füllung
klappen. Die Omelette sofort servieren. • Bei der
zweiten ebenso verfahren wie bei der ersten.

Variante: Lachscreme
Für diese Variante 100 g Schichtkäse mit 2 Eßlöffeln Crème fraîche verrühren, mit je 1 Eßlöffel
frisch gehacktem Dill, geriebenem Meerrettich
und 50 g gehacktem Räucherlachs vermischen.

Variante: Süße Quarkcreme
100 g Schichtkäse mit 2–3 Eßlöffeln herbsüßer
Konfitüre (Preiselbeerkonfitüre, Orangenmarmelade, Holundergelee) verrühren.

Topfenpalatschinken
3. Umschlagseite

Palatschinken heißen die feinen, dünnen Pfannkuchen aus der österreich-ungarischen Küche.
Mit Quark gefüllt, werden sie überbacken.

Zutaten für 6 Personen:
Für die Palatschinken: 100 g Mehl · ⅛ l Milch ·
4 Eßl. Sahne · 2 Eier · 1 Prise Salz · 1 Teel.
Zucker · 1 Eßl. Öl · 4–5 Eßl. Butter
Für die Füllung: 50 g Rosinen · 1 Schnapsglas
(2 cl) Rum · 50 g Butter · 100 g Zucker oder 4 Eßl.
flüssiger Honig · 1 Prise Salz · abgeriebene Scha-
le von ½ Zitrone (unbehandelt) · 2 Eier · 400 g
Magerquark
Für den Belag: 1 Ei · 4 Eßl. Sahne · 1 Eßl.
Zucker · Butterflöckchen und Puderzucker
Für die Form: Butter
Pro Portion etwa 2090 Joule/500 Kalorien

● Vorbereitungszeit: etwa 1 Stunde
● Ruhezeit: 1 Stunde
● Backzeit: 25 Minuten

So wird's gemacht: Für den Teig das Mehl in einer Schüssel mit der Milch, der Sahne, den Eiern, dem Salz, dem Zucker und dem Öl zu einem
glatten, dünnflüssigen Teig verrühren. Etwa
1 Stunde ruhen lassen. • Die Rosinen waschen,
in dem Rum etwa 1 Stunde einweichen. • Den
Teig nochmals durchrühren und in einer Pfanne
von 18 cm Durchmesser für 8–10 dünne Palatschinken (Pfannkuchen) portionsweise Butter erhitzen und die Palatschinken darin von beiden

Seiten goldgelb backen. Dann auf einen Teller schichten. • Den Backofen auf 200° vorheizen. • Für die Füllung die weiche Butter mit der Hälfte des Zuckers oder dem Honig, dem Salz und der abgeriebenen Zitronenschale schaumig rühren. Die Eier trennen und die Eigelbe einrühren. Mit dem Quark und den eingeweichten Rosinen vermengen. Die Eiweiße mit dem restlichen Zucker zu steifem Schnee schlagen und unter die Quarkmasse ziehen. • Jeden Pfannkuchen in der Mitte mit einem dicken Quarkstrang belegen und über der Füllung von beiden Seiten her zusammenklappen. • Eine Auflaufform buttern und die gefüllten Pfannkuchen mit den übereinandergeschlagenen Seiten nach unten in genügend großem Abstand nebeneinander hineinlegen. • Das Ei mit der Sahne und dem Zucker verquirlen und über die Palatschinken gießen. Mit Butterflöckchen besetzen und im Backofen 25 Minuten backen. • Mit Puderzucker bestreuen und sofort servieren.

Variante: Sollen die Topfenpalatschinken nicht überbacken werden, kann man sie auch als Einzelportion, dick mit Puderzucker bestreut, sofort nach dem Füllen servieren.

Quarkpfannkuchen

Zutaten für 4 Personen:
50 g Rosinen · 1 Schnapsglas (2 cl) Weinbrand nach Belieben · 250 g Quark (20% Fett i. Tr.) oder Schichtkäse · 3 Eier · 2 Eßl. Zucker · 1 Prise Salz · 1 Messerspitze Backpulver · 150 g Mehl · Milch nach Bedarf · Butter nach Bedarf · 125 g Konfitüre · Puderzucker
Pro Portion etwa 2240 Joule/535 Kalorien

● Vorbereitungszeit: etwa 15 Minuten
● Backzeit: etwa 25 Minuten

So wird's gemacht: Die Rosinen mit warmem Wasser waschen, abtrocknen und nach Belieben in einer kleinen Schüssel mit dem Weinbrand übergießen. • Den Quark mit den Eiern, dem Zucker und dem Salz gut cremig rühren, das mit dem Backpulver gesiebte Mehl unterrühren und so viel Milch darunterschlagen, daß ein dickflüssiger Teig entsteht. Die Rosinen unterheben. • In einer eisernen Pfanne Butter erhitzen und nacheinander darin 4 dickere Pfannkuchen backen. • Jeden Pfannkuchen mit etwa 2 Eßlöffeln Konfitüre füllen, einmal zusammenklappen und dick mit Puderzucker bestreuen.

Variante: Quarkschmarrn
Keine Milch zugeben. Den dicken Teig beim Backen mit zwei Gabeln in Stücke teilen und diese noch etwas knusprig backen. Kompott extra dazu reichen.

Variante: Schinken-Quark-Pfannkuchen
Die getränkten Rosinen und den Zucker weglassen, stattdessen 100 g Schinkenwürfel und 2 Eßlöffel frisch gehackte Kräuter zur Quarkmasse geben und Pfannkuchen backen.

Quarkwaffeln aus der Vollwertküche

Bild Seite 38

Zutaten für 4–6 Personen:
3 Eier · 100 g Butter · 125 g Magerquark · 2 Eßl. flüssiger Honig · abgeriebene Schale von ½ Zitrone (unbehandelt) · etwa ⅛ l Milch · 150 g Weizenvollkornmehl (aus dem Reformhaus)
Für das Waffeleisen: Butter
Pro Portion etwa 1255 Joule/300 Kalorien (bei 6 Portionen)

- Vorbereitungszeit: 15 Minuten
- Ruhezeit: 30 Minuten
- Backzeit: etwa 20 Minuten

So wird's gemacht: Die Eier trennen. Die Butter schaumig rühren, den Quark, den Honig, die abgeriebene Zitronenschale, die Eigelbe und die Milch zugeben, dann das Mehl unterrühren. • Den Teig 30 Minuten ruhen lassen. Das Waffeleisen vorheizen. • Die Eiweiße steif schlagen und unter den Teig ziehen. • Die Flächen des Waffeleisens mit Butter einpinseln. Jeweils 1 gehäuften Eßlöffel Teig in das Eisen füllen und die Waffeln nach Gebrauchsanweisung backen. Auf einem Kuchengitter kurz abkühlen lassen.

Das paßt dazu: Kompott, Fruchtsauce, Konfitüre, Ahornsirup und Schlagsahne

Würzige Quarkpastetchen

Zutaten für 4 Personen:
250 g Champignons · Saft von ½ Zitrone · 1 große Zwiebel · 40 g Butter · 500 g Magerquark · 4 Eier · 50 g geriebener Emmentaler · 40 g Semmelbrösel · 1 Teel. Backpulver · 1 Teel. edelsüßes Paprikapulver · frisch gemahlener weißer Pfeffer · geriebene Muskatnuß · Salz
Für die Förmchen: Butter · Semmelbrösel
Pro Portion etwa 1320 Joule/315 Kalorien

- Vorbereitungszeit: etwa 30 Minuten
- Backzeit: etwa 15–20 Minuten

So wird's gemacht: Die Champignons putzen, abbrausen, abtropfen lassen, blättrig schneiden und mit dem Zitronensaft beträufeln. Die Zwiebel schälen und feinhacken. • Den Backofen auf 180° vorheizen. • Die Butter erhitzen, die Zwie-

belwürfel darin hell anrösten, die Champignons zugeben und 5 Minuten dünsten. Vom Herd nehmen und etwas abkühlen lassen. • Dann mit dem Magerquark verrühren. Die Eier trennen und die Eigelbe, den Käse und die Semmelbrösel, vermischt mit dem Backpulver, unter die Pilz-Quark-Masse mengen. Mit dem Paprikapulver, Pfeffer, Muskatnuß und Salz abschmecken. • Die Eiweiße steif schlagen und unterheben. • Kleine Auflaufförmchen mit Butter ausfetten und mit Semmelbröseln ausstreuen. Die Förmchen bis zu ⅔ mit der Masse füllen, in den vorgeheizten Backofen auf die mittlere Schiene stellen und die Pastetchen 15–20 Minuten backen.

Das paßt dazu: Tomatensauce und grüner Salat

Dänisches Krabben-Soufflé

Zutaten für 4 Personen:
250 g frische oder tiefgefrorene, aufgetaute Krabben · 100 g Doppelrahmfrischkäse (60% Fett i. Tr.) · ⅜ l Milch · 80 g Butter · 50 g Mehl · 3 Eier · 1 Eßl. frisch gehackter Dill · Salz · weißer Pfeffer nach Geschmack · 1 Schnapsglas (2 cl) Aquavit nach Belieben
Pro Portion etwa 1965 Joule/470 Kalorien

- Vorbereitungszeit: etwa 30 Minuten
- Backzeit: etwa 45 Minuten

So wird's gemacht: Die Krabben abbrausen und trockentupfen. Den Doppelrahmfrischkäse zum Anfrieren ins Gefrierfach geben. • Den Backofen auf 180° vorheizen. • Die Milch erhitzen. In einem Topf 50 g Butter schmelzen. Das Mehl darin hell anschwitzen, nach und nach unter Rühren mit der Milch aufgießen und alles gut durchkochen. Die Sauce von der Kochstelle nehmen. • Die Eier trennen und die Eigelbe in die Sauce rühren. Den Dill zur Sauce geben und mit Salz, Pfeffer und nach Belieben mit dem Aquavit abschmecken. • Den Doppelrahmfrischkäse in kleine Würfel schneiden. Die Eiweiße steif schlagen. Die Krabben, die Käsewürfel und den Eischnee unter die Sauce heben. Eine Souffléform mit der restlichen Butter ausstreichen und die Form zu ¾ mit der Soufflémasse füllen. • Die Form in den Backofen auf die untere Schiene stellen und etwa 45 Minuten backen. Sofort servieren.

Das paßt dazu: Fenchel- oder Radicchiosalat und ein Gläschen eiskalter Aquavit

Quarksoufflé Romanow

Zutaten für 4 Personen:
500 g frische Erdbeeren · Saft von 1 Orange · 120 g Zucker · je 2 Eßl. Orangenlikör und Portwein · 4 Eier · abgeriebene Schale von ½ Zitrone (unbehandelt) · 200 g Quark (20% Fett i. Tr.) · 1 Eßl. Speisestärke · 2 Eßl. Butter · 100 g Sahne · 1 Schnapsglas (2 cl) Orangenlikör (40%)
Pro Portion etwa 2005 Joule/480 Kalorien

● Vorbereitungszeit: etwa 25 Minuten
● Ruhezeit: 30 Minuten
● Backzeit: 15–20 Minuten

So wird's gemacht: Für die Erdbeeren Romanow die Früchte waschen, entstielen und halbieren. Den Orangensaft mit 20 g Zucker, dem Orangenlikör und dem Portwein verrühren und über die Erdbeeren gießen. Für 30 Minuten in den Kühlschrank stellen. • Inzwischen den Backofen auf 200° vorheizen. • Für das Soufflé die Eier trennen, die Eigelbe mit dem übrigen Zucker schaumig rühren. Die Zitronenschale und den

Quark darunterrühren. • Die Eiweiße zu steifem Schnee schlagen und zusammen mit der Speisestärke locker unter die Soufflémasse heben. Dabei zunächst nur ¼ des Eischnees einrühren. Die Soufflémasse stehen lassen, während man die Form mit der Butter ausstreicht, dann den restlichen Eischnee unterheben. • Die Souffléform zu ¾ mit der Masse füllen, sofort auf die untere Schiene des Backofens stellen und 15–20 Minuten backen. Die Backofentür nicht vorzeitig öffnen! • Die Sahne für die Erdbeeren steif schlagen und unter die marinierten Früchte ziehen. • Sobald das Soufflé aus dem Ofen kommt, den Orangenlikör rasch in einem Schöpflöffel erhitzen, über das Soufflé gießen und beim Servieren anzünden. Die Erdbeeren Romanow dazu reichen.

Mein Tip Damit das Soufflé besser aufgeht, kann man es vor dem Einschieben, wie die Profiköche es tun, 2–3 Minuten in ein leise kochendes Wasserbad stellen. Die Oberkanten der Souffléform sauber halten, sonst steigt das Soufflé nicht gleichmäßig.

Magerquark ist für Soufflés nicht geeignet, da er leicht zu fest und trocken wird, es sei denn, man gibt Sahne oder Sahnejoghurt hinzu.

Joghurt eignet sich zum Verfeinern und zum Binden von Saucen ganz hervorragend. Ein schönes Beispiel hierfür ist das Lammragout mit Joghurt. Rezept Seite 31.

Bratäpfel mit Zimtquark

Zutaten für 4 Personen:
Saft von 1½ Orangen · 1 Eßl. Zucker · 1 Päck-
chen Vanillinzucker · 4 große Äpfel · 1 Eßl.
Butter · 250 g Quark (20% Fett i. Tr.) · 4 Eßl.
Sahne · 2 Eßl. Zucker oder flüssiger Honig ·
1 Teel. Zimtpulver · 2 Eßl. Rosinen
Für die Form: Butter
Pro Portion etwa 1190 Joule/285 Kalorien

● Zubereitungszeit: etwa 35 Minuten

<u>So wird's gemacht:</u> Vom Orangensaft 4 Eßlöffel
abmessen. Den übrigen Orangensaft mit dem
Zucker und Vanillinzucker zum Kochen bringen
und etwas einkochen lassen. • Den Backofen auf
200° vorheizen. • Die Äpfel schälen, Blüten- und
Stengelansätze sowie die Kerngehäuse herausstechen. • Die Äpfel in eine gebutterte Form setzen, mit dem Orangensirup begießen und im
Backofen auf der mittleren Schiene 15 Minuten
garen. • Inzwischen den Quark mit der Sahne
und dem restlichen Orangensaft vermischen, den
Zucker oder den Honig, den Zimt und die Rosinen unterrühren und die Creme kühl stellen. •
Sobald die Äpfel gar sind, diese noch heiß mit
der kalten Quarksauce zu Tisch geben.

Herrlich knusprig geraten diese Quarkwaffeln aus der
Vollwertküche, die auf Anhieb gelingen und jedem gut
schmecken. Rezept Seite 34.

Orangen-Quarkspeise mit Bananen

Zutaten für 4 Personen:
400 g Quark (20% Fett i. Tr.) · Saft und abgeriebe-
ne Schale von 1 Orange (unbehandelt) · 100 g
Zucker oder 4 Eßl. flüssiger Honig · 1 Päckchen
echter Vanillezucker (aus dem Reformhaus) ·
2 kleine reife Bananen
Pro Portion etwa 1415 Joule/340 Kalorien

● Zubereitungszeit: etwa 10 Minuten

<u>So wird's gemacht:</u> Den Quark mit dem Saft und
der Schale der Orange, dem Zucker oder dem
Honig und dem Vanillezucker cremig rühren. •
Die Bananen schälen, in Scheiben schneiden
und unter die Quarkcreme heben. Gut gekühlt
servieren.

Variante: Quark-Nougat-Creme
50 g Nougat bei sehr schwacher Hitze auflösen,
mit 400 g Magerquark, 50 g Zucker und 2 Eßlöffeln Pfefferminzlikör nach Belieben verrühren.
100 g Sahne steif schlagen und zur Hälfte unter
die Quarkmasse ziehen. In 4 Portionsschalen füllen und mit der restlichen Schlagsahne, 4 Teelöffeln Borkenschokolade und nach Belieben 4 frischen Minzblättchen garnieren.

> **Mein Tip** Joghurt- oder Quarkdes-
> serts sondern bei längerem Stehen leicht
> etwas Molkenflüssigkeit ab. Deshalb
> sollte man sie nicht zu lange kalt stellen,
> sondern besser den Joghurt oder Quark
> vor der Verarbeitung gut kühlen. Bei mit
> Gelatine zubereiteten Desserts besteht
> diese Gefahr nicht.

Westfälische Götterspeise

Zutaten für 4 Personen:
4 Scheiben Pumpernickel · 125 g Quark (40% Fett i. Tr.) · 2 Päckchen echter Vanillezucker (aus dem Reformhaus) · 2 Eßl. Rum nach Belieben · 100 g Sahne · 125 g Preiselbeerkonfitüre
Pro Portion etwa 1380 Joule/330 Kalorien

● Zubereitungszeit: etwa 20 Minuten

So wird's gemacht: Die Pumpernickelscheiben zerkrümeln. Den Quark mit dem Vanillezucker und eventuell mit dem Rum verrühren. Die Sahne steif schlagen und locker unter den Quark heben. Abwechselnd Preiselbeerkonfitüre, Quarkcreme und Pumpernickelkrümel in Dessertschalen aus Glas füllen, so daß sich ein hübsches Gesamtbild ergibt. Die oberste Schicht sollte aus Krümeln bestehen.

Variante: Statt Preiselbeerkonfitüre geraspelte rohe Äpfel, mit Zitronensaft, Zucker und Rosinen vermengt, für das Dessert verwenden.

Mokka-Dessert

Zutaten für 4 Personen:
⅛ l starker schwarzer Kaffee · 1 Schnapsglas (2 cl) Mokkalikör nach Belieben · 3 Blatt weiße Gelatine · 250 g Magerquark · 100 g Zucker · 1 Päckchen Vanillinzucker · 200 g Sahne · 4 Messerspitzen Instant-Espresso
Pro Portion etwa 1360 Joule/325 Kalorien

● Zubereitungszeit: 1 Stunde
● Kühlzeit: 1 Stunde

So wird's gemacht: Den Kaffee erhitzen und nach Belieben mit dem Mokkalikör vermischen. Die Gelatine in kaltem Wasser einweichen, nach etwa 5 Minuten ausdrücken und unter Rühren im heißen Kaffee auflösen. Den Kaffee dann kalt stellen. ● Den Quark mit dem Zucker und dem Vanillinzucker verrühren. Die Sahne steif schlagen. ● Sobald der Kaffee anfängt zu gelieren, die Quarkcreme und den größten Teil der Sahne unterziehen, etwas Sahne zum Garnieren aufheben. ● Das Dessert in Portionsschalen füllen und bis zum völligen Steifwerden in den Kühlschrank stellen. Dann auf jede Portion eine Sahnerosette spritzen und 1 Messerspitze Instant-Espresso darüberstäuben.

> **Mein Tip** Um Kalorien einzusparen, kann man bei Cremes oder Schaumspeisen aus Joghurt oder Quark anstelle von Schlagsahne Eischnee unter die Masse ziehen, um sie aufzulockern.

Joghurt-Erdbeer-Eiscreme

Bei der Herstellung von Eis mit einer Eismaschine dauert die Zubereitung je nach Gerätetyp 20–40 Minuten. Die Eissorten mit Joghurt schmecken sehr originell und erfrischend.

Zutaten für 8 Personen:
500 g frische oder tiefgefrorene Erdbeeren · 100 g Puderzucker · 3 Becher Joghurt zu je 150 g (3,5% Fett) · eventuell etwas Limettensaft · 125 g Sahne
Pro Portion etwa 690 Joule/165 Kalorien

- Vorbereitungszeit: 30 Minuten
- Gefrierzeit: 20–40 Minuten (Eismaschine) oder 2–3 Stunden (Gefriergerät)

So wird's gemacht: Die Erdbeeren verlesen, kurz abbrausen, pürieren und wenn nötig durch ein Sieb streichen. Etwa 300 g Fruchtpüree mit dem Puderzucker, dem Joghurt und eventuell dem Limettensaft gut verrühren. • Die Sahne steif schlagen und unter die Joghurtmasse ziehen. • Die Masse in die Eismaschine geben oder in eine Metallschüssel füllen und diese ins Gefrierfach des Kühlschranks oder ins Gefriergerät stellen. Die Eismasse 20–40 Minuten in der Eismaschine, etwa 2–3 Stunden im Gefrierfach lassen, in diesem Fall alle 30 Minuten kräftig mit einem Schneebesen durchrühren, damit das Eis cremig wird. • Das Eis beim Servieren beliebig mit Früchten oder Fruchtsauce, Schlagsahne und Waffeln garnieren.

Quark-Vanille-Eiscreme

Zutaten für 8 Personen:
3–4 Eigelbe · ½ Vanilleschote · 125 g Zucker · 250 g Quark (40% Fett i. Tr.) · 1 Schnapsglas (2 cl) Cognac oder Rum nach Belieben · 250 g Sahne
Pro Portion etwa 1065 Joule/255 Kalorien

- Vorbereitungszeit: 30 Minuten
- Gefrierzeit: 20–40 Minuten (Eismaschine) oder 2–3 Stunden (Gefrierfach)

So wird's gemacht: Die Eigelbe mit 2 Eßlöffeln heißem Wasser schaumig schlagen. Die Vanilleschote aufschlitzen und das Mark herauskratzen, dann zusammen mit dem Zucker unter ständigem Rühren zur Eiermasse geben und weiterschlagen. Wenn sie etwas dicklich geworden ist, den Quark und nach Belieben den Alkohol mit dem Schneebesen unterrühren. • Die Sahne steif

schlagen und darunterheben. Die Masse für 20–40 Minuten in die Eismaschine geben oder in eine Metallschüssel füllen und diese 2–3 Stunden ins Gefrierfach des Kühlschranks oder ins Gefriergerät stellen; in diesem Fall alle 30 Minuten die Masse mit einem Schneebesen kräftig durchrühren, damit das Eis cremig wird. • Die Eiscreme beliebig garniert servieren.

Variante: Schokoladeneiscreme
Unter die Quark-Vanille-Eismasse noch 75–100 g geriebene oder aufgelöste Kuvertüre geben.

Joghurt-Mandel-Flammeri

Zutaten für 4–6 Personen:
2 Blatt weiße Gelatine · ¼ l Milch · 1 gehäufter Eßl. Speisestärke · ½ Vanilleschote · 1 Prise Salz · 100 g Zucker · 50 g Marzipanrohmasse · 150 g Sahnejoghurt (10% Fett) · 50 g gemahlene Mandeln
Pro Portion etwa 1005 Joule/240 Kalorien (bei 6 Personen)

- Zubereitungszeit: etwa 1 Stunde
- Ruhezeit: 1 Stunde

So wird's gemacht: Die Gelatine in kaltem Wasser einweichen. • Für den Flammeri von der kalten Milch etwas abnehmen und mit der Speisestärke verrühren. Die restliche Milch mit der aufgeschlitzten Vanilleschote und dem Salz zum Kochen bringen. Die angerührte Speisestärke in die kochende Milch geben, einmal aufkochen und vom Herd ziehen. Den Zucker und die Marzipanrohmasse gut darin verrühren. Die Vanilleschote entfernen. • Die Gelatine ausdrücken und in den Flammeri rühren. Schließlich noch den

Joghurt und die Mandeln unterrühren. • Die Masse in eine mit kaltem Wasser ausgespülte Gugelhupfform aus Aluminium oder Weißblech mit 16 cm Durchmesser füllen und in den Kühlschrank stellen. Sie ist nach etwa 1 Stunde kalt und fest. Der Flammeri läßt sich dann leicht auf eine Platte stürzen.

Das paßt dazu: warme Weinschaum- oder Schokoladensauce oder eine kalte Sauce aus Magerquark, Sahne, Apfelgelee und Calvados.

Mein Tip Diese Nachspeise kann auch als Halbgefrorenes zubereitet werden. Man stellt sie dann etwa 1½ Stunden ins Gefrierfach des Kühlschranks. Vor dem Stürzen taucht man die Form kurz in heißes Wasser.

Fruchtiges Joghurt-Gelee

Zutaten für 6 Personen:
250 g Pfirsiche oder Aprikosen · 6 Blatt weiße Gelatine · 2 Eier · 75 g Zucker · 2 Becher fettarmer Joghurt zu je 150 g (1,5% Fett) · 1 Schnapsglas (2 cl) Amaretto (Mandellikör) nach Belieben · 200 g Sahne · 2–3 Teel. Schokoraspel · eventuell 1–2 Kiwis
Pro Portion etwa 1090 Joule/260 Kalorien

- Zubereitungszeit: etwa 30 Minuten
- Gelierzeit: 30 Minuten

So wird's gemacht: Die Früchte waschen, kurz in kochendes Wasser tauchen und enthäuten. Die Früchte entkernen, kleinschneiden und im Mixer pürieren; dann durch ein feines Sieb streichen.

Die Gelatine in kaltem Wasser einweichen und quellen lassen. • Die Eier trennen und die Eigelbe sowie den Zucker, den Joghurt und eventuell den Mandellikör mit dem Fruchtpüree verrühren. • Die Gelatine ausdrücken und im abgetropften Einweichwasser unter Rühren bei schwacher Hitze auflösen. Unter ständigem Rühren unter die Fruchtmasse ziehen und diese für 30 Minuten in den Kühlschrank stellen. • Die Eiweiße und die Sahne getrennt steif schlagen. Sobald die Fruchtmasse halbsteif ist, den Eischnee und die Hälfte der Sahne locker darunterziehen. • Die Schaumspeise auf Dessertgläser verteilen, mit der restlichen Schlagsahne verzieren und nochmals kurz in den Kühlschrank stellen. Vor dem Servieren mit Schokoraspeln bestreuen und nach Belieben mit den geschälten, in Scheiben geschnittenen Kiwis garnieren.

Marillenknödel

Bild Seite 48

Mit der Hülle aus zartem Quarkteig für die Aprikosen – anstelle des sonst oft verwendeten Kartoffelteigs – schmeckt diese österreich-ungarische Spezialität unvergleichlich gut.

Zutaten für 4 Personen:
5 Eßl. zerlassene Butter · 250 g Magerquark · 1 Prise Salz · 2 Eier · 120–150 g Mehl · 500–750 g Aprikosen (Marillen) · je Aprikose ein kleines Stück Würfelzucker · eventuell Rum zum Tränken des Zuckers · 100 g Semmelbrösel · 50–60 g Zucker · 80–100 g Butter
Pro Portion etwa 2910 Joule/695 Kalorien

- Vorbereitungszeit: 30 Minuten
- Ruhezeit: etwa 30 Minuten
- Garzeit: 8–10 Minuten

So wird's gemacht: Die Butter mit dem Quark, dem Salz, den Eiern und so viel Mehl verkneten, daß ein weicher Teig entsteht. Diesen zu einem Laib formen und zugedeckt etwa 30 Minuten ruhen lassen. • Die Aprikosen waschen, abtrocknen, entsteinen und in jede Aprikose ein Stückchen Zucker, der nach Belieben in Rum getaucht wurde, stecken. • 3 l leicht gesalzenes Wasser zum Kochen bringen. • Den Quarkteig auf einem bemehlten Brett etwa 1 cm dick ausrollen und 5 cm große Quadrate ausschneiden. Jede Aprikose in ein Teigstück hüllen und fest zusammendrücken, dann zwischen den Händen Knödel formen. • Die Knödel in das leicht kochende Salzwasser legen und in 8–10 Minuten gar ziehen lassen. • Die Semmelbrösel mit dem Zucker in der Butter goldbraun rösten und vor dem Servieren über die Knödel streuen.

Sächsische Quarkkeulchen

Dieses traditionelle Regionalgericht aus Mitteldeutschland gibt es in ähnlicher Form in fast allen deutschen Landschaftsküchen.

Zutaten für 4 Personen:
300 g gekochte Kartoffeln · 300 g Magerquark · 75 g Mehl · 115 g Zucker · 1 Prise Salz · 3 Eier · abgeriebene Schale von ½ Zitrone (unbehandelt) · eventuell 50–75 g Rosinen · Butter nach Bedarf · 1 Teel. Zimt
Pro Portion etwa 2175 Joule/520 Kalorien

- Vorbereitungszeit: etwa 25 Minuten
- Bratzeit: etwa 20 Minuten

So wird's gemacht: Die Kartoffeln durch die Presse drücken oder feinreiben und auf das Backbrett geben. Den Quark, das Mehl, 75 g

Zucker, das Salz, die Eier und die Zitronenschale dazugeben, alles zuerst mit dem Messer durchhacken, dann verkneten. • Die Rosinen – falls erwünscht – mit warmem Wasser waschen, trockentupfen und unter den Teig kneten. • Von dem Teig mit einem Eßlöffel Klöße abstechen und auf bemehltem Brett zu flachen Küchlein oder »Keulchen« drücken, dabei leicht in Mehl wenden. • In einer Bratpfanne reichlich Butter erhitzen, die Keulchen darin von beiden Seiten knusprig braun braten und warm stellen. Den restlichen Zucker und den Zimt mischen und die Keulchen vor dem Servieren damit bestreuen.

Das paßt dazu: beliebiges Kompott

Topfennockerln mit Zwetschgensauce

Zutaten für 4 Personen:
Für die Nockerln: 50 g Butter · 2 Eier · 250 g Magerquark · 50 g Semmelbrösel · 100 g Mehl · 1 Prise Salz · eventuell 1 Messerspitze Backpulver
Für die Sauce: 200 g Zucker · 1 Stückchen Zimtstange · 1 Nelke · Schale von ½ Zitrone (unbehandelt) · 500 g reife Zwetschgen · eventuell 1 Prise Kardamom oder Anis
Zum Bestreuen: 50 g Semmelbrösel · 30 g Butter
Pro Portion etwa 2740 Joule/655 Kalorien

- Vorbereitungszeit: 40 Minuten
- Ruhezeit: etwa 30–60 Minuten
- Garzeit: 30 Minuten

So wird's gemacht: Für die Nockerln die weiche Butter mit den Eiern schaumig rühren, den möglichst trockenen Quark, die Semmelbrösel, das Mehl, das Salz und eventuell das Backpulver unterrühren. Die Masse 30–60 Minuten quellen lassen. • Reichlich Salzwasser zum Kochen bringen. Mit zwei Teelöffeln Klößchen, die Nok-kerln, abstechen und etwas nachformen: Sie sollten eine schöne ovale Form haben. Ins schwach siedende Salzwasser geben und 15–20 Minuten ziehen, jedoch nicht kochen las-sen! • Für die Sauce inzwischen ⅛ l Wasser mit dem Zucker, der Zimtstange, der Nelke und der spiralig abgeschnittenen Zitronenschale zum Kochen bringen. • Die Zwetschgen waschen und entsteinen, in die kochende Zuckerlösung geben und 20 Minuten garen. Durch ein Sieb streichen und eventuell mit Kardamom oder Anis abschmecken. • Zum Bestreuen die Sem-melbrösel in der Butter goldbraun rösten. • Die Nockerln mit einem Schaumlöffel aus dem Was-ser herausnehmen und abtropfen lassen. Die warme Sauce auf Teller verteilen und die Nok-kerln in die Sauce legen. Mit den Butterbröseln bestreut zu Tisch geben.

Tirami su

Dieses berühmte italienische Dessert wird origi-nal mit Mascarpone, einem besonders fetten Rahmfrischkäse aus der Lombardei, und mit Espresso zubereitet.

Zutaten für 4 Personen:
2 Eigelbe · 50 g Zucker · 500 g Mascarpone ·
200 g Löffelbiskuits · ⅛ l kalter Espresso ·
2 Schnapsgläser (4 cl) Orangenlikör nach
Belieben · Kakaopulver zum Bestäuben
Pro Portion etwa 3350 Joule/800 Kalorien

● Zubereitungszeit: etwa 30 Minuten
● Ruhezeit: mindestens 8 Stunden

So wird's gemacht: Die Eigelbe und den Zucker mit dem elektrischen Rührgerät schaumig schla-gen. Den Mascarpone hinzugeben und zu einer cremigen Masse verrühren. • Eine viereckige Form mit der Hälfte der Löffelbiskuits auslegen. Den Espresso eventuell mit dem Orangenlikör verrühren und die Biskuits mit der Hälfte des Espressos gut tränken. • Die Hälfte der Mascar-ponecreme daraufstreichen; auch die Zwischen-räume zwischen den Biskuits füllen. • Die restli-chen Löffelbiskuits auf der Creme verteilen und mit dem verbliebenen Espresso beträufeln. Die restliche Creme daraufgeben und glattstrei-chen. • Die Oberfläche mit Kakaopulver bestäu-ben und das Dessert über Nacht, mindestens aber für 8 Stunden, in den Kühlschrank stellen. • Vor dem Servieren die Oberfläche nochmals mit Kakaopulver besieben. Das Tirami su in 4 oder 8 gleich große Stücke schneiden, diese vorsichtig aus der Form heben und servieren.

Variante: Anstelle von Löffelbiskuits können Sie für Tirami su 2 selbstgebackene Biskuitteigplat-ten verwenden.

Passcha

Die traditionelle russische Quarkspeise gehört zum russischen Osterfest wie der Kulitsch, der russische Osterkuchen, und die kunstvoll bemal-ten Eier. Statt der in Rußland gebräuchlichen Holzmodeln in Form einer abgestumpften Pyra-mide können wir einen Blumentopf verwenden.

Zutaten für 6 Personen:
1 kg Magerquark · 125 g weiche Butter · 1 Prise
Salz · 5 Eier · ¼ l dicke saure Sahne (Schmand) ·
125 g Rosinen · 200 g Zucker · abgeriebene Scha-
le von 1 Zitrone (unbehandelt) · 125 g abgezogene,
gehackte Mandeln · je 30 g feingewürfeltes Zitro-
nat und Orangeat
Zum Verzieren: Belegkirschen · Zitronat ·
Orangeat · abgezogene Mandeln
Pro Portion etwa 3240 Joule/775 Kalorien

● Vorbereitungszeit: etwa 12 Stunden

- Zubereitungszeit: etwa 20 Minuten
- Ruhezeit: etwa 12 Stunden

So wird's gemacht: Um möglichst trockenen Quark zu erhalten, diesen am Vorabend in ein Mulltuch geben, fest zubinden und das Säckchen über einem Topf befestigen, damit die restliche Molke abfließen kann. Am nächsten Tag die Butter schaumig rühren, mit dem Salz, den ganzen Eiern, der sauren Sahne und dem Quark in einem Topf unter ständigem Rühren erhitzen, aber nicht kochen. Sobald sich Bläschen bilden, die Masse vom Herd nehmen und unter Rühren erkalten lassen. • Die Rosinen waschen, abtrocknen und zusammen mit dem Zucker, der Zitronenschale, den Mandeln, dem gewürfelten Zitronat und Orangeat unter die Quarkmasse heben. • Einen neuen hohen Blumentopf aus Ton mit einem Mulltuch auslegen, damit die Passcha sich später besser stürzen läßt. Die Quarkmasse einfüllen und festdrücken. Mit einem kleinen Teller und einem Gewicht beschweren und über Nacht kühl stellen. • Vor dem Servieren die Quarkspeise auf eine Platte stürzen und das Tuch vorsichtig abziehen. Mit Belegkirschen, Zitronat- und Orangeatstückchen sowie Mandeln beliebig verzieren. Die Passcha wie einen Kuchen anschneiden.

Cassata siciliana

Geeiste sizilianische Quarkspeise

Zutaten für 6–8 Personen:
Für den Biskuitteig: 4 Eier · 150 g Zucker · 100 g Mehl · 50 g Speisestärke · 1 Prise Salz · Butter nach Bedarf
Für die Cassata: 100 g Rosinen oder Sultaninen · 150 g kandierte rote und grüne Kirschen (Belegkirschen) · 50 g Orangeat · 50 g bittere Schokolade · 500 g Ricotta oder Quark (20% Fett i. Tr.) · 4 Eßl. Sahne · 1 Messerspitze Zimt · 200 g
Puderzucker · 2 Schnapsgläser (4 cl) Orangenlikör · 40 g gehackte Pistazien · 40 g Pinienkerne
Pro Portion etwa 2595 Joule/620 Kalorien (bei 8 Portionen)

- Vorbereitungszeit: etwa 50 Minuten
- Backzeit: etwa 30 Minuten
- Gefrierzeit: 2–3 Stunden

So wird's gemacht: Den Backofen auf 200° vorheizen. • Für den Biskuitteig die Eier trennen, die Eigelbe mit dem Zucker schlagen, bis die Masse fast weiß ist. Das Mehl und die Speisestärke zur Eicreme sieben und verrühren. Die Eiweiße mit dem Salz steif schlagen und unterheben. Eine Kastenform buttern und den Teig einfüllen. Auf der mittleren Schiene bei 200° in etwa 30 Minuten zu goldgelber Farbe backen. Den Kuchen auf ein Kuchengitter stürzen und abkühlen lassen. • Für die Füllung die Rosinen oder Sultaninen mit heißem Wasser waschen und auf Küchenkrepp trocknen lassen. Die Kirschen – bis auf 50 g –, das Orangeat und die Schokolade in Stückchen hacken. • Den Ricotta oder Quark mit der Sahne, dem Zimt und dem Puderzucker cremig rühren. 5 Eßlöffel davon abnehmen und beiseite stellen. Die Quarkcreme bis zur Weiterverwendung kalt stellen. • Den erkalteten Biskuitkuchen in 1 cm dicke Scheiben schneiden. Eine Eisbombenform oder runde Kuchenform mit Biskuitstücken auslegen und mit der Hälfte des Likörs beträufeln. • Die gehackten Kirschen, das Orangeat, die Schokolade und die Pistazien samt den Pinienkernen unter die Quarkcreme heben und diese in die Form füllen. Die Oberfläche mit Biskuitstücken belegen und diese ebenfalls mit Likör beträufeln. • Die Cassata für 2–3 Stunden ins Gefriergerät stellen. Dann die Cassata aus der Form lösen und stürzen. Mit der restlichen Quarkcreme überziehen. Die restlichen Belegkirschen halbieren und die Cassata damit dekorieren.

Verlockendes Gebäck

Käse-Sahnetorte

Für den Mürbeteig: 200 g Mehl · 120 g Butter ·
70 g Zucker · 1 Eigelb · 1 Messerspitze Salz ·
abgeriebene Schale von ½ Zitrone (unbehandelt)
Für die Füllung: ¼ l Milch · 200 g Zucker · abgeriebene Schale von 1 Zitrone (unbehandelt) · 1 Prise Salz · 4 Eigelbe · 8 Blatt weiße Gelatine · 500 g
Sahne · 500 g Magerquark
Zum Bestreuen: Puderzucker
Pro Stück bei 12 Stücken etwa 1820 Joule/
435 Kalorien

- Vorbereitungszeit: 1 Stunde
- Ruhezeit: etwa 2 Stunden
- Backzeit: 8–10 Minuten
- Kühlzeit: etwa 4 Stunden

<u>So wird's gemacht:</u> Das Mehl auf das Backbrett
sieben, die Butter in Flöckchen, den Zucker, das
Eigelb, das Salz und die Zitronenschale hinzugeben und von der Mitte aus rasch zu einem glatten
Teig verkneten. Den Mürbeteig in einer Schüssel
zugedeckt 2 Stunden im Kühlschrank ruhen lassen. • Den Backofen auf 190° vorheizen. • Den
Teig auf dem bemehlten Backbrett zu 2 Torten-
böden von je 26 cm Durchmesser ausrollen und
auf dem Backblech auf der mittleren Schiene in
8–10 Minuten hellbraun backen. Einen der beiden Böden noch heiß in 12 gleich große Torten-
stücke schneiden, dann zusammen mit dem anderen Boden auf einem Kuchengitter abkühlen
lassen. • Für die Füllung die Milch mit dem Zuk-
ker, der Zitronenschale, dem Salz und den Eigel-
ben unter ständigem Rühren langsam erhitzen,
bis die Eiermilch dicker wird. Vom Herd nehmen. • Die Gelatine in kaltem Wasser einweichen, nach etwa 5 Minuten ausdrücken und in
die warme Milch rühren. Die Milch kalt stellen. • Die Sahne steif schlagen. Wenn die Milch
zu erstarren beginnt, den Quark und die Schlagsahne unterrühren. • Den ungeteilten Tortenbo-

den zurück in die Springform legen und den
Rand der Form innen mit Backpapier auslegen.
Die Quarkcreme auf den Tortenboden füllen
und die Oberfläche glattstreichen. Die Creme im
Kühlschrank in etwa 4 Stunden fest werden las-
sen. • Danach die Torte aus der Form lösen, das
Backpapier vom Rand entfernen und den geteil-
ten Tortenboden obenauf legen. Die Torte mit
Puderzucker dicht bestreuen.

Variante: Unter die Quarkcreme kann man auch
beliebige frische Früchte wie Erdbeeren, Himbeeren, Heidelbeeren oder Johannisbeeren mischen, die gezuckert wurden und gut abgetropft
sein sollten.

Variante: Kalte Käsetorte
Boden und Deckel der Käsetorte ohne Backen
aus 400 g zerstoßenen Löffelbiskuits und 200 g
zerlassener Butter herstellen. ¾ dieser Masse in
die mit Alufolie ausgelegte Tortenform geben
und kühl stellen; darauf die Quarkmasse füllen.
Die restliche Löffelbiskuitmasse als Deckel
obenauf geben und die Torte 3–4 Stunden kalt
stellen.

Der Topfenstrudel gelingt besonders gut, wenn man
den Teig dünn ausrollt und dazu als Unterlage ein Küchentuch benutzt, mit dem man den gefüllten Strudel
problemlos aufrollen und anschließend in die Bratenpfanne legen kann. Dies zeigen anschaulich die Ar-
beitsfotos. Rezept Seite 50.

Omas Schichtkäsekuchen

*Für den Mürbeteig: 300 g Mehl · 150 g Butter ·
1 Prise Salz · 80 g Zucker · 1 Ei*
*Für den Belag: 80 g Rosinen · 6 Eier · 250 g
Zucker · 750 g Schichtkäse (10% Fett i. Tr.) · ⅛ l
saure Sahne · 1 Prise Salz · Saft und Schale von
1 Zitrone (unbehandelt) · 50 g Speisestärke ·
100 g Butter*
Pro Stück bei 12 Stücken etwa 2315 Joule/565
Kalorien

- Vorbereitungszeit: etwa 20 Minuten
- Ruhezeit: 1 Stunde
- Backzeit: 50–60 Minuten

So wird's gemacht: Das Mehl auf ein Backbrett
sieben. Die Butter mit dem Messer kleinschneiden und zusammen mit dem Salz und dem Zuk-
ker auf das Mehl geben. Alles gut mischen, das
Ei hinzufügen und rasch einen glatten Teig kneten. Den Mürbeteig in einer Schüssel zugedeckt
für 1 Stunde in den Kühlschrank legen. • Den
Backofen auf 200° vorheizen. • Für den Belag
die Rosinen waschen und trockentupfen. Die Eier trennen. Die Eigelbe mit dem Zucker schaumig rühren. Den Schichtkäse, die saure Sahne,
das Salz, den Saft und die abgeriebene Schale
der Zitrone, die Speisestärke und die Rosinen
einrühren. • Die Butter erhitzen, klären (den
Schaum abschöpfen) und unter die Schichtkäse-
masse rühren. Die Eiweiße steif schlagen und
unterheben. • Den Mürbeteig ausrollen, Boden
und Rand einer Springform damit auslegen und
die Käsecreme einfüllen. Die Form in den Backofen auf die mittlere Schiebeleiste geben und
50–60 Minuten backen. Den Kuchen in der
Form erkalten lassen.

Für diese Spezialität der österreichisch-ungarischen
Küche werden Marillen (Aprikosen) mit Teig – hier mit
Quarkteig – umhüllt, zu Knödeln geformt und im Was-
ser gegart. Rezept Seite 42.

Himbeer-Joghurttorte

*Für den Teig: 40 g Butter · 3 Eier · 150 g Zucker ·
1 Päckchen Vanillinzucker · abgeriebene Schale
von ½ unbehandelten Zitrone · 150 g Mehl · 1 ge-
häufter Teel. Backpulver*
*Für die Füllung: 500 g frische oder tiefgefrorene
Himbeeren · 350 g Zucker · Saft von ½ Zitrone ·
2 Schnapsgläser (4 cl) Himbeergeist nach
Belieben · 5 Blatt rote und 7 Blatt weiße
Gelatine · 400 g Joghurt (3,5% Fett) · 2 Päckchen
Vanillinzucker · 500 g Sahne · 1 Päckchen Sahne-
festiger*
*Zum Garnieren: 50 g Mandelblättchen · ganze
Himbeeren*
Pro Stück bei 12 Stücken etwa 1885 Joule/450
Kalorien

- Vorbereitungszeit: 1 Stunde
- Ruhezeit: 1 Stunde
- Backzeit: 25–30 Minuten

So wird's gemacht: Den Backofen auf 200° vorheizen. • Die Butter zerlassen. Für den Teig die
Eier mit 6 Eßlöffeln Wasser schaumig schlagen,
unter Schlagen den Zucker und den Vanillinzucker einrieseln lassen und weiter schlagen,
bis sie völlig gelöst sind. Die Zitronenschale und
das Mehl mit dem Backpulver gemischt unterheben. Die Butter unterziehen. • Eine Springform
von 24–26 cm Durchmesser am Boden mit Backpapier auslegen. Den Teig einfüllen, glattstrei-

chen und auf der mittleren Schiene des Backofens 25–30 Minuten backen. Auf ein Kuchengitter zum Auskühlen legen. • Für die Füllung zunächst die vorbereiteten, verlesenen oder aufgetauten Himbeeren im Mixer pürieren, durch ein Sieb streichen und mit 200 g Zucker, dem Zitronensaft und dem Himbeergeist nach Belieben abschmecken. Die Gelatine nach Farben getrennt für mindestens 4 Minuten in kaltem Wasser einweichen. Den Joghurt mit dem restlichen Zucker und 1 Päckchen Vanillinzucker cremig rühren. • 4 Blatt rote und 2 Blatt weiße Gelatine ausdrücken, bei schwacher Hitze unter Rühren im abgetropften Einweichwasser auflösen und unter das Himbeerpüree rühren. • 1 Blatt rote und 5 Blatt weiße Gelatine ausdrücken, ebenfalls unter Rühren bei schwacher Hitze auflösen und unter den Joghurt rühren: das heißt langsam unter Rühren in dünnem Strahl zugießen. Beide Cremes für etwa 30 Minuten in den Kühlschrank stellen. • Die Sahne steif schlagen. Kurz bevor die Cremes fest werden, die Hälfte der Schlagsahne unter die zartrosa Joghurtcreme ziehen. • Die erkaltete Torte einmal durchschneiden. Einen Boden auf eine Tortenplatte legen und wieder mit dem Springformrand umgeben. Nun zunächst die Himbeercreme auf den Tortenboden geben und glattstreichen, darauf die Joghurtcreme füllen. Mit dem zweiten Tortenboden abdekken und die Torte in den Kühlschrank geben. Sobald sie schnittfest geworden ist, was nach 30 Minuten der Fall ist, aus der Form lösen. • Den Sahnefestiger und das letzte Päckchen Vanillinzucker unter die restliche Schlagsahne schlagen und die Oberfläche sowie den Rand der

Torte damit überziehen. • Die Mandelblättchen in der trockenen Pfanne hellbraun rösten und abkühlen lassen. Die Torte mit den Himbeeren garnieren und mit den Mandelblättchen bestreuen. Möglichst bald nach der Fertigstellung servieren.

Tiroler Topfenstrudel

Bild Seite 47

Zutaten für 8 Personen:
Für den Teig: 250 g Mehl · 1 Prise Salz · 1 Ei ·
2 Eßl. Öl
Für den Strudel: 50 g Rosinen · 1 Eßl. Rum ·
2 Eier · 170 g weiche Butter · 125 g Zucker ·
1 Päckchen Vanillinzucker · 400 g Quark (40%
Fett i. Tr.) · abgeriebene Schale von ½ Zitrone
(unbehandelt) · 4 Eßl. Semmelbrösel · ¼ l heiße
Milch · 4 Eßl. Puderzucker
Für die Form: Butter
Pro Portion etwa 3130 Joule/745 Kalorien

● Vorbereitungszeit: 1 Stunde
● Ruhezeit: etwa 30 Minuten
● Backzeit: 45 Minuten

So wird's gemacht: Das Mehl auf das Backbrett sieben und in die Mitte eine Mulde drücken. Das Salz, das Ei, 1 Eßlöffel Öl und ⅛ l lauwarmes Wasser in die Vertiefung geben und zu einem glatten, weichen Teig verarbeiten. Den Teig mehrmals kräftig auf das Backbrett werfen und wieder durchkneten, bis er geschmeidig und seidig glänzend ist. Den Strudelteig halbieren und zu 2 Kugeln formen. Diese mit 1 Eßlöffel Öl bestreichen und unter einer angewärmten Schüssel 20–30 Minuten ruhen lassen. • Inzwischen die Rosinen mit heißem Wasser überbrühen, abtropfen lassen, trockentupfen, in eine kleine Schüssel geben und mit dem Rum beträufeln. Die Eier

> **Mein Tip** Diese Torte können Sie auch mit Erdbeeren oder Johannisbeeren herstellen – nicht allerdings mit Kiwis, da diese die Gelatine auflösen.

trennen. • Für die Füllung 100 g Butter mit dem Zucker und dem Vanillinzucker cremig rühren. Die Eigelbe und den Quark dazurühren. Die Rosinen in die Quarkmasse einmengen, mit der Zitronenschale würzen. Die Eiweiße zu steifem Schnee schlagen und unter die Quarkmischung heben. • Ein Küchentuch auf dem Tisch ausbreiten und mit Mehl bestäuben. Das Backbrett daneben bemehlen und zunächst eine Teigkugel darauf zu einem möglichst großen Rechteck ausrollen, dann vorsichtig über beide Handrücken nach allen Seiten hin dünn ausziehen. • Den ausgezogenen Strudelteig auf das Tuch legen, die dicken Ränder abschneiden und die eventuell entstandenen Löcher damit flicken. • Die restliche Butter in einem Pfännchen zerlassen und die Teigplatte mit einem Teil davon bestreichen und mit Semmelbröseln bestreuen. • Mit der zweiten Teigkugel ebenso verfahren. • Eine Bratenpfanne gut ausfetten. Den Backofen auf 200° vorheizen. • Die Quarkfüllung gleichmäßig auf die Strudelteigplatten verteilen, dabei ringsherum 2 cm Rand frei lassen. Die Ränder einschlagen und beide Strudel nacheinander mit Hilfe des Tuches locker aufrollen, damit die Füllung aufgehen kann. Die Strudel vom Tuch in die Bratenpfanne gleiten lassen und mit der restlichen zerlassenen Butter bestreichen. • Auf der mittleren Schiene des Backofens in etwa 45 Minuten goldgelb backen. 20 Minuten vor Ende der Backzeit die Strudel mit der heißen Milch übergießen und weiter backen, bis die Milch aufgesogen ist. Die fertigen Strudel etwas abkühlen lassen. Mit dem Puderzucker bestreuen und warm servieren.

Das paßt dazu: Vanillesauce oder Schlagsahne

> **Mein Tip** Falls der Strudel als Nachtisch serviert wird, ergibt das Rezept 10–12 Portionen.

Variante: Quark-Apfelstrudel
Den Strudelteig mit der Hälfte der Quarkmasse füllen, die jedoch mit 4 kleingeschnittenen säuerlichen Äpfeln und 2 Eßlöffeln gehackten Mandeln vermischt wurde. Dieser Strudel wird auf dem Blech gebacken und kalt oder warm gegessen.

Gebäck aus Quarkblätterteig

Quarkblätterteig ist ebenso vielseitig wie der echte Blätterteig, aber leichter, kalorienärmer und einfacher herzustellen.

250 g Mehl · 1 Messerspitze Backpulver · 250 g Butter · 250 g Magerquark · 1 Ei · 1 Dose Aprikosen (Abtropfgewicht 480 g) oder ½ Glas beliebige Konfitüre · Puderzucker
Pro Stück bei 12 Gebäckstücken etwa 1185 Joule/280 Kalorien

- Vorbereitungszeit: etwa 1 Stunde
- Ruhezeit: 1–2 Stunden
- Backzeit: 15–20 Minuten

So wird's gemacht: Das Mehl mit dem Backpulver mischen, auf ein Backbrett sieben, die Butter und den möglichst trockenen Quark in Flöckchen darauf verteilen und alles schnell mit kühlen Händen zu einem glatten Teig verarbeiten. • Den Teig auf bemehlter Arbeitsfläche etwa 1 cm dick ausrollen und dreifach zusammenlegen. Den Vorgang zwei- bis dreimal wiederholen. Danach den Teig entweder 1–2 Stunden kühl stellen oder für 15 Minuten ins Gefrierfach des Kühlschranks geben. • Den Backofen auf 220° vorheizen. • Nun den Teig nochmals ½ cm dick ausrollen und mit dem Teigrädchen in Quadrate teilen. • Das Ei trennen und das Eigelb verschlagen. Die Teigquadrate entweder mit den abgetropften Aprikosenhälften belegen oder jeweils 1 Teelöffel voll Konfitüre daraufgeben. Die 4 Ecken zur Mitte hin zusammenfalten oder jeweils die Aprikosenhälfte in eine Ecke geben und den Teig zu einem Dreieck zusammenschlagen. Eventuell die Kanten mit Eiweiß bestreichen; dann die Kanten fest zusammendrücken. Die Gebäckstücke auf ein mit kaltem Wasser abgespültes Backblech legen und mit dem verschlagenen Eigelb bestreichen. Nochmals 15 Minuten ruhen lassen, dann im Backofen in 15–20 Minuten goldgelb backen. Mit Puderzucker bestreuen, sobald die Gebäckstücke etwas abgekühlt sind.

Varianten: Aus dem Quarkblätterteig lassen sich auch beliebige andere Gebäckstücke formen, beispielsweise Nußhörnchen oder Windmühlen.

Böhmische Kolatschen

In ihrer Heimat werden die Kolatschen aus Hefeteig hergestellt. Aus Quark-Öl-Teig gelingen sie jedoch weitaus saftiger und bleiben länger frisch.

Für den Teig: 150 g Magerquark · 75 g Zucker · 1 Päckchen Vanillinzucker · 1 Prise Salz · 6 Eßl. Öl · 4 Eßl. Milch oder 1 Ei · 300 g Mehl · 1 Päckchen Backpulver
Für den Belag: 250 g Magerquark · 1 Eßl. Butter · 150 g Zucker · 1 Ei · 1 Eßl. Speisestärke · 125 g gemahlener Mohn · 1 Eßl. Semmelbrösel · 1/8 l Milch · 1 Eßl. Rum · 125 g Pflaumenmus (Powidl)
Zum Bestreichen: 1 Eigelb
Pro Stück bei 10 Stücken etwa 1840 Joule/ 440 Kalorien

● Vorbereitungszeit: etwa 45 Minuten
● Ruhezeit: 30 Minuten
● Backzeit: 25–30 Minuten

So wird's gemacht: Für den Teig den Quark mit dem Zucker, dem Vanillinzucker, dem Salz, dem Öl und der Milch oder dem Ei verrühren. • Das Mehl mit dem Backpulver über die Quarkmasse sieben, zunächst mit dem Löffel untermischen, dann rasch mit den Händen zu einem geschmeidigen Teig verkneten. Kurz ruhen lassen. • Inzwischen für den Belag den Quark mit der weichen Butter und der Hälfte des Zuckers verrühren. Das Ei trennen, das Eigelb sowie die Speisestärke unter den Quark rühren. Das Eiweiß steif schlagen und unterheben. • Den Mohn mit dem restlichen Zucker, den Semmelbröseln sowie der Milch verrühren, einmal aufkochen lassen, den Rum zugeben, dann abkühlen lassen. • Den Backofen auf 200° vorheizen, das Backblech mit Backpapier belegen. • Den Teig ausrollen und 10 runde Fladen mit Rand formen, auf das Backblech legen und den Rand mit dem verquirlten Eigelb bestreichen. Jeden Fladen kreuzförmig mit 4 Häufchen Quarkmasse belegen, die Zwischenräume mit Mohnmasse ausfüllen und in die Mitte jeweils ein Löffelchen Pflaumenmus geben. Die Kolatschen im vorgeheizten Backofen auf der mittleren Schiene etwa 30 Minuten backen.

Pizza alla romana

Zutaten für 4 Personen:
Für den Quark-Öl-Teig: 125 g Magerquark · 1 gestrichener Teel. Salz · 2 Eier · 3 Eßl. Olivenöl · 250 g Mehl · 1 Päckchen Backpulver
Für den Belag: 500 g frische Tomaten oder 1 Dose konservierte Tomaten (800 g Einwaage) · 6–8 Sardellenfilets · 200 g Mozzarella · 1 kleiner Bund Basilikum oder 4 Teel. getrockneter Oregano · Salz · frisch gemahlener schwarzer Pfeffer · 6 Eßl. Olivenöl
Für das Blech: Olivenöl
Pro Portion etwa 2570 Joule/620 Kalorien

- Vorbereitungszeit: 35–40 Minuten
- Backzeit: 20–25 Minuten

So wird's gemacht: Für den Quark-Öl-Teig den Quark mit dem Salz, den Eiern und dem Öl in einer Schüssel verrühren. Das Mehl mit dem Backpulver über die Quarkmasse sieben; zunächst mit einem Löffel untermischen, dann rasch mit den Händen zu einem geschmeidigen Teig verkneten. • Den Backofen auf 200° vorheizen. • Auf bemehltem Backbrett den Teig etwa 5 mm dick ausrollen. • Das Backblech mit Olivenöl bestreichen. Entweder den Teig auf die ganze Fläche verteilen oder 4 runde Fladen formen und diese so auf 2 geölte Bleche legen, daß reichlich Platz rundherum bleibt. Die Ränder etwas dicker formen. • Für den Belag die Tomaten kurz in kochendes Wasser tauchen, enthäuten, halbieren, dabei Stengelansätze, Kerne und Saft entfernen. Die Tomaten der Länge nach in Stücke schneiden. Die Dosentomaten gut abtropfen lassen und entsprechend zerkleinern. Die Sardellenfilets in Stücke, den Mozzarella in dünne Scheibchen schneiden. Das Basilikum kurz abbrausen, trockenschwenken und die Blättchen abzupfen. • Nun zunächst die Tomaten auf dem Teig verteilen, dabei den Rand frei lassen. Die Sardellen gleichmäßig darauf verteilen und mit den Käsescheibchen bedecken. Das Basilikum oder den Oregano darüberstreuen und alles mit Salz und Pfeffer würzen. Reichlich mit Olivenöl beträufeln und im Backofen auf der mittleren Schiene in 20–25 Minuten knusprig backen.

Variante: Pizza mit Artischocken und Salami
Anstelle der Sardellenfilets 200 g in dünne Scheiben geschnittene Salami und 10 kleine, in Öl eingelegte Artischockenherzen auf die Pizza geben. Eventuell noch 100 g schwarze Oliven darauf verteilen.

Roggenbrot mit körnigem Frischkäse

Mit Frischkäse, Quark und anderen gesäuerten Milchprodukten lassen sich herrliche Brote voll Saft und Kraft backen. Besonders herzhaft schmeckt das folgende Roggenbrot, das überdies sehr haltbar ist.

100 g Roggenschrot · 200 g körniger Frischkäse (20% Fett i. Tr.) · 40 g Hefe · 200 g Roggenmehl (Type 1150) · 3 Teel. Salz · etwa 300 g Weizenmehl (Type 550)
Insgesamt etwa 9530 Joule/2280 Kalorien

- Vorbereitungszeit: etwa 20 Minuten
- Ruhezeit: 24 Stunden und 75 Minuten
- Backzeit: 40–45 Minuten

So wird's gemacht: Am Vortag des Backens den Roggenschrot und den Frischkäse verrühren und zugedeckt für 24 Stunden bei Zimmertemperatur oder etwas kühler, jedoch nicht im Kühlschrank, stehen lassen. • Am Backtag diesen Sauerteigansatz und die zerbröckelte Hefe in 2 Tassen (300 ml) lauwarmem Wasser verrühren. Das Roggenmehl, das Salz sowie den größten Teil des Weizenmehls zugeben und verrühren. Den Teig auf bemehltem Backbrett gut mit dem restlichen Mehl verkneten und durcharbeiten. Eventuell die Küchenmaschine dazu benutzen. • Den Teig zum Aufgehen, mit einem Küchentuch bedeckt, bei 22–24° 45 Minuten stehen lassen. • Auf dem bemehlten Backbrett ein rundes Brot formen. Auf ein mit Backpapier belegtes Blech legen und nochmals 30 Minuten aufgehen lassen. • Den Backofen auf 200° vorheizen. • Sobald das Brot aufgegangen ist, das heißt sein Volumen abermals vergrößert hat, mit einer Gabel Löcher in die Oberfläche des Brots stechen, es mit Wasser bepinseln und mit Mehl bestreuen und im Backofen auf der unteren Schiene 40–45 Minuten backen. • Das fertige Brot auf einen Backrost zum Auskühlen legen.

Windbeutel mit Frischkäse

Zutaten für etwa 40 Windbeutel:
Für den Brandteig: 60 g Butter · 1 Messerspitze
Salz · 200 g Mehl · 1 Prise geriebene Muskat-
nuß · 4–5 Eier
Für die Füllung: 400 g Doppelrahmfrischkäse (60%
Fett i. Tr.) · 3 Eßl. Joghurt (3,5% Fett) · 3 Eßl.
Sahne · Cayennepfeffer oder Tabascosauce ·
Selleriesalz · 1 Prise Muskatnuß · 1 kleines Glas
Mixed Pickles von etwa 200 g
Pro Stück etwa 315 Joule/75 Kalorien

- Vorbereitungszeit: etwa 45 Minuten
- Backzeit: 20–25 Minuten

So wird's gemacht: Für den Brandteig ¼ l Wasser mit der Butter und dem Salz in einer Kasserolle zum Kochen bringen. Mit einem Holzspatel das Mehl einrühren und auf der Kochstelle kräftig weiterrühren, bis sich die Masse zu einem Kloß formt und vom Topfrand löst. Den Teig dann in eine Schüssel legen und etwas abkühlen lassen. Dann die Muskatnuß und die Eier nach und nach unterrühren, bis ein spritzfähiger Teig entstanden ist (sollten die Eier klein sein, eventuell ein fünftes verwenden). • Den Backofen auf 220° vorheizen. • Das Backblech mit Backpapier belegen. Den Teig in einen Spritzbeutel mit mittelgroßer Sterntülle füllen und auf das Backblech mit reichlich Abstand kleine Rosetten spritzen. Auf die mittlere Schiene des Backofens schieben und in 20–25 Minuten hell backen. Vom Blech nehmen, abkühlen lassen und mit einem scharfen Sägemesser durchschneiden. • Für die Fül-

lung den Doppelrahmfrischkäse mit dem Joghurt und der Sahne glattrühren und mit den Gewürzen pikant abschmecken. Die Mixed Pickles gut abtropfen lassen, feinhacken und unter die Käsemasse heben. • Die Käsecreme in einen Spritzbeutel mit kleiner Loch- oder Sterntülle füllen und in die Windbeutel spritzen. Die Deckel aufsetzen und bis zum Servieren kühl stellen.

> **Mein Tip** Die Füllung können Sie mit Curry, Paprikapulver, Dill oder Schnittlauch, mit gehackten Oliven, Walnüssen oder Pistazien sowie mit Sherry oder Weinbrand geschmacklich variieren.

Variante: Windbeutel mit Quarkmousse
Die Windbeutel mit einer Quarkmousse füllen. Dafür 3 Blatt weiße Gelatine bei schwacher Hitze auflösen, 250 g Magerquark mit 50 g Zucker, 1 Päckchen Vanillinzucker und der Gelatinelösung verrühren und kalt stellen. Bevor die Quarkmasse zu gelieren beginnt, 200 g geschlagene Sahne unterziehen. Die Windbeutel mit dieser Quarkmousse und 250 g frischen, gezuckerten Erdbeeren füllen.

> **Mein Tip** Die Quarkmousse ist nicht nur kalorienärmer, sondern auch »standfester« und haltbarer als Schlagsahne. Man kann die Quarkmousse im Kühlschrank im gut verschlossenen Behälter 2 Tage aufbewahren, ohne daß sie an Qualität verliert. Sie eignet sich auch als »Sahneersatz« zur Garnierung von Kuchen und Torten.

Rezept- und Sachregister

Kursiv gesetzte Seitenzahlen verweisen auf Farbbilder.

Rezept- und Sachregister

Eine köstliche Spezialität der österreichisch-ungarischen Küche sind Topfenpalatschinken, mit einer Quarkcreme gefüllte hauchdünne Pfannkuchen.
Rezept Seite 33.

▷